ペトロ文庫

教皇フランシスコ

キリスト者の祈り

―教皇講話集―

カトリック中央協議会

目　次

本書は文庫オリジナルです。

文中、聖書の引用は原則として日本聖書協会『聖書 新共同訳』（二〇〇〇年版）を使用しました。ただし、漢字・仮名の表記は本文に合わせています。他の引用につきましても、用字等、一部変更を加えた箇所があることをお断りいたします。

はじめに

本書は、教皇フランシスコが二〇二〇年五月から二〇二一年六月にかけて行った、祈りに関する全三十八回の一般謁見連続講話を一冊にまとめたものです。

この連続講話が始まったときには、新型コロナウイルス感染症対策のため、水曜日の一般謁見は教皇公邸書斎からのライブ配信によって行われていました。それは、二〇二〇年八月から九月にかけて、この連続講話を中断して挟まれた被造物をいやすことについての九回の講話（既刊『使徒言行録・世をいやす——教皇講話集』に収録）が終了するまで続きます。十月に本講話が再開したとき、会場はパウロ六世ホールに移り、会衆の入場もできるようになったのですが、翌月初めから再びライブ配信に切り替えられました。再度会衆の入場を可とするかたちに戻されたのは、二〇二一年五月十二日の回からです。規模を縮小するために、会場は教皇公邸のサンダマソの中庭とされました。その回の冒頭で教皇は、再び聴衆を前にして話すことのできる喜びをいささか興奮気味に語っています（203頁参照）。なお、二〇二一年四月二十日から一般謁見は、ようやくサンピエトロ広場で行われるようになりました。

＊＊＊

本連続講話は『カトリック教会のカテキズム』の第四編「キリスト教の祈り」を参照しながら語られる、キリスト者の祈りについてのカテケージスです。

第一回の講話で教皇は、マルコ福音書10章に登場するバルティマイについて語ります。目の見えないバルティマイは、イエスが近くを通ることを知り、そのあわれみを求めて、周りの制止を無視し、ひたすら叫び続けます。

「信仰は叫びです。信仰ではないのが、その叫び声を押さえつけることです」(18頁)、教皇はそういい、そして、周囲がどれだけ止めても叫び続け、「最後には、望んだものを得た」バルティマイの姿には、祈りについての「すべてが記されている」のだと述べています(19頁)。

別の箇所には、次のようなことばがあります。「祈りには、まずは執拗さがなければなりません。夜中に急に友人宅に来て戸をたたき、パンを分けてほしいと頼む、たとえ話の人物のようにです」(91頁)。

そしてさらには、次のようにさえ教皇は教えています。「神に対し「でも、なぜですか」と口にする勇気をもってください。少し腹を立ててもよいこともあります。わたしたちと神との間にある親子の関係を思い出させるからです。どれだけわたしたちが、辛辣《しんらつ》できつい表現をぶつけても、神はそれを、父の愛で受け止めてくださり、信仰ゆえの行為として、祈りとして、大切にしてくださいます」（216頁）。

神の愛の前では、人間のありのままの姿が決して否定されない――。そのことを教皇は、このようにかみ砕いて、分かりやすく説いています。

日常生活の種々の煩いや、思い悩みによる注意散漫などと闘いながら、どのように祈ればよいのかを、旧約・新約両聖書から材を採る、あるいは口禱《こうとう》、念禱《ねんとう》といった伝統的な祈りの形式を取り上げるといったことで解説していき、最後の回で教皇は、「胸に刻んでおくべき、もっとも大切なこと」が何であるのかを教えています。信仰者として「祈る者」であるわたしたちは、実は「祈られている者」でもあるということです。イエス・キリストが、今もわたしたちのために祈ってくださっているのです。そしてそれは、「イエスと御父との対話に、聖霊との交わりに、すでに迎え入れられているという恵み」なのです（239頁）。

イエス・キリストは、今、この瞬間にも「わたしたちのために祈っておられる」

（同）――。わたしたちにそれに対する自覚を促して、この連続講話は閉じられています。

＊＊＊

最後に、二〇二〇年十月十四日の回で触れられている（67頁）、イタリアのコモ教区での司祭殺害事件について、簡単に説明を加えておきます。

事件が起きたのは二〇二〇年九月十五日の朝、殺害されたのは、福者スカラブリーニ司牧共同体で生活困窮者のための支援活動を行っていた、ロベルト・マルジェジーニ神父（Roberto Malgesini, 五一歳）です。

地域の困窮者に朝食として配るための食料や飲み物を車に積んでいる際に、神父は背後からナイフで襲われました。遺体には、二十五箇所もの刺し傷が確認できたとのことです。

犯人はチュニジア出身の五六歳の男性で、マルジェジーニ神父らが支援する路上生活者の一人だったそうです。

教皇フランシスコは、事件翌日の一般謁見の中で、次のように述べて祈りをささげました。

ここで、昨日午前に殺された、コモ教区のロベルト・マルジェジーニ神父（享年五一歳）のことを思い起こしたいと思います。支援していた困窮者、理性を失っていた人の手によるものです。ご遺族とコモ教区の共同体の悲しみと祈りに心を合わせ、コモの司教がおっしゃっていたように、彼というあかしゆえに、つまり、こうしたもっとも困っている人に対するあかしという殉教ゆえに、神に賛美をささげます。ロベルト・マルジェジーニ神父のために黙禱をささげましょう。また、助けを必要としながら、社会から拒絶されている人とともに働く司祭、修道女、信徒のために祈りましょう。

後に行われた裁判では被告の責任能力が争点になりましたが、事件の際には完全に判断能力を有していたとされ、殺意が認められ、無期懲役の判決が下されています。

教皇フランシスコ

キリスト者の祈り——教皇講話集

カトリック中央協議会事務局　編訳

祈りの神秘

愛する兄弟姉妹の皆さん、おはようございます。

今日から、祈りをテーマとする新しい連続講話を始めましょう。祈りは信仰の呼吸であり、信仰そのものの表れです。神を信じ、神に自分自身をゆだねる人の、心からの叫びです。

福音書に登場するバルティマイの話（マルコ10・46―52参照）について考えてみましょう。実は、わたしがいちばん親しみを感じている人物です。盲人で、エリコの町外れの道端に座って物乞いをしていました。彼は、名無しの人物ではありません。顔もあれば名前もあります。「ティマイの子」であるバルティマイです。ある日彼は、イエスが近くを通りかかることを耳にします。実際エリコは、巡礼者や商人がひっきりなしに往来する十字路でした。そこでバルティマイは、イエスに会うためには何だってしようと身構えていました。彼のような人は大勢いました。木に登ったザアカイのことはご存じでしょう。多くの人がイエスに会いたがっていて、彼もそんな一人だったのです。

そのようなわけでこの人は、張り上げられた大きな声として福音書に登場します。彼は目が見えません。なのでイエスが近くにおられるのか遠くにいるのかが分かりませんが、耳で気配は感じ取れます。ある地点から増えていった群衆が近づくことで、それを察しました。ですが彼は独りぽつねんとしていて、彼を気に掛ける人はいません。バルティマイはどうするでしょうか。叫びます。声を張り上げ、大声を出し続けます。自分にある唯一の武器である声を使います。彼は、「ダビデの子イエスよ、わたしをあわれんでください」（47節）と叫び始めます。そう、ひたすら叫び続けます。

ずっとわめいているので、人々は苛立ってきます。節操なくやかましいので、多くの人が彼を叱《しか》りつけて黙らせようとします。「ちょっと、わきまえなさい。やめなさい」と。ところがバルティマイは黙るどころか、さらに声を張り上げ叫びます。「ダビデの子イエスよ、わたしをあわれんでください」（47節）。恵みを求めて戸をたたく人、神の心の扉をたたく人の、その実に美しい頑固さ――。彼は叫び、扉をたたきます。「ダビデの子イエスよ」という言い回しが非常に重要です。それは「メシア（救い主）」を意味しており、このかたが救い主だと告白しているからです。だれからも軽蔑されていたその人の口からこぼれた信仰告白です。

そしてイエスは、その叫びを聞きます。バルティマイの祈りがイエスの心に、神の心に触れ、救いの扉が彼に開かれます。イエスは彼を呼び寄せます。彼は躍り上がり、先ほどまで黙るようたしなめていた人々が、今や師なるかたのもとへと彼を連れて行きます。イエスは彼に語りかけ、望みを口に出しなさいといわれます。ここが肝心です。その瞬間、叫びは願いに変わります。「先生、また見えるようになりたいのです」(51節参照)。

イエスは彼にいわれます。「行きなさい。あなたの信仰があなたを救った」(52節)。イエスはこの貧しく、寄るべのない、蔑《さげす》まれている人に、神のあわれみと力とを引き寄せる信仰の、力の限りを見ておられるのです。信仰とは、両手を高く上げ、救いのたまものを願い求めて叫びを上げることです。『カトリック教会のカテキズム』に記されているように、「祈りの基本は謙虚さです」(2559)。祈りは土から、土壌(humus ラテン語由来のイタリア語)――ここから「謙虚さ」(ラテン語 humilis に由来)が派生――から生まれるもので、不安定なわたしたちの状態と、絶えることのない神への渇きから生じるのです(同2560―2561参照)。

バルティマイに見たように、信仰は叫びです。信仰ではないのが、その叫び声を押さえつけることです。彼を黙らせようとした、あの群衆の態度です。彼らは信仰の人ではありませんでしたが、彼は信仰の人でした。その叫びを押さえつけるのは、一種の「オメルタ」（訳注：シチリアのマフィアにおける沈黙のおきて、血のおきてのこと。組織、仲間の秘密を守る誓約）です。信仰とは、訳の分からないつらい状況への抗議です。信仰がなければ、慣れてしまった状態にただただ甘んじるだけです。信仰とは、救われるという希望です。信仰がなければ、自分を虐げる苦しみに慣れ、そのままでい続けるのです。

愛する兄弟姉妹の皆さん。今回の連続講話をバルティマイの叫びで始めたのは、彼という人物の姿にすべてが記されていると思うからです。バルティマイは忍耐強い人です。周囲の人は、懇願しても無駄だと説きました。いくら叫んでも無駄だ、うるさくて迷惑なだけだ、お願いだから叫ぶのをやめてくれと。それでも彼は黙りませんでした。そして最後には、望んだものを得たのです。

どんな反論にも負けないほど強い呼びかける声が、人間の心の中にはあるのです。わたしたち皆が、この声を内に秘めています。それは、命じられずとも自然にわき出る声、この世の旅の意味を問う声、とりわけ闇に包まれるときに出てくる声です。「イエスよ、わたしをあわれんでください。イエスよ、どうかわたしにあわれみをかけてください」。これは、美しい祈りです。

ですがこのことばは、すべての被造物に刻まれているのではないでしょうか。あらゆるものが、あわれみの神秘の決定的完成を呼び求め、懇願しています。祈るのはキリスト者だけではありません。キリスト者は、祈りである叫びをすべての人と分かち合っています。地平はさらに広がります。パウロは、全被造物が「ともにうめき、ともに産みの苦しみを味わっている」（ローマ8・22）と断言しています。芸術家はしばしば、被造物のこの静かな叫びの代弁者となります。あらゆる被造物において、なかでも人間の心の中で――人間は「神の物乞い」（『カトリック教会のカテキズム』2559）ですから――押し殺されている叫びです。「神の物乞い」とは、みごとに人間を定義しています。ご清聴ありがとうございます。

（二〇二〇年五月六日、教皇公邸書斎からのライブ配信）

キリスト者の祈り

愛する兄弟姉妹の皆さん、おはようございます。

今日は、先週から始めた祈りについての連続講話の二回目です。祈りは、すべての人のものです。あらゆる宗教信者のものであり、そしておそらく、いかなる宗教をも信じていない人も、祈りと無縁ではありません。祈りは、わたしたちの中の秘められた部分から、すなわち霊的な書き手がたびたび「心」と呼ぶその内的な場所で生まれます（『カトリック教会のカテキズム』2562―2563参照）。ですから祈ることは、わたしたちにおいて何ら末梢のことではなく、後回しにできるおまけのような部類のものでもなく、自分自身のもっとも内奥にある神秘です。祈ることは、そうした神秘です。感情でもって祈りますが、祈りは単に感情のものとはいえません。知性でもって祈りますが、祈りは単なる知的行為ではありません。からだでもって祈りますが、重い障害があっても神とは話せます。つまりその人の「心」が祈るならば、祈っている人間のすべてをもって祈るのです。

祈りは一つの衝動です。己の外へと向かう呼びかけです。わたしたちの人格の奥底で生まれ、出会いに焦がれて伸びていくものです。その思慕は必要を超えたもの、不可欠を超えたものです。一筋の道なのです。祈りとは、「神なるあなた」を探して、手探りで進む、暗中模索の「わたし」の声です。「わたし」と「神なるあなた」の出会いは、計算によってかなうものではありません。それは、人と人との出会いであり、自身である「わたし」が探し求める「神なるあなた」を見つけようと、幾度も手探りで進んでいくものなのです。

ですがキリスト者の祈りは、「神なるあなた」は謎に包まれてはおらず、わたしたちとかかわりを結んでくださった、という啓示から生まれます。キリスト教は神の「顕現」、つまりご公現をたえず祝う宗教です。典礼暦の初めの諸祭日は、隠されたままではなく、むしろ人間に友情を示してくださる、その神を記念するものです。ベツレヘムの貧しさの中で、東方の三博士の観想の中で、ヨルダン川での洗礼において、カナの婚礼の奇跡において、神はご自分の栄光を現しておられます。ヨハネによる福音書は、序にあたるすばらしい賛歌を、「いまだかつて、神を見た者はいない。父のふところにいる独り子である神、このかたが神を示されたのである」（1・18）という簡潔な文で締めくくっています。わたしたちに神を明かしてくださったのは、イエスなのです。

キリスト者の祈りとは、人を少しも怖がらせたくない、ひたすら優しい顔の神とかかわり始めることです。これこそが、キリスト者の祈りの第一の特徴です。人々がずっと、心奪うすさまじい神秘ゆえにどこかおびえ、どこか萎縮しながら神と向き合ってきているとしても、主人の機嫌を損ねないようにする家来の態度のような卑屈な姿勢で神を拝んでいるとしても、キリスト者はそうではなく、信頼を込めてあえて「お父さん」と呼んで神に向き合います。何とイエスは、「アッバ（父ちゃん）」という別の表現を使います。

キリスト教は、神とのきずなにおいて、あらゆる「封建的な」関係を排除してきました。わたしたちが受け継いだ信仰の伝統には、「服従」、「隷属」、「従属」ということばはありません。むしろあるのは「契約」、「友情」、「約束」、「交わり」、「近しさ」ということばです。イエスは、弟子たちへの長い別れのことばの中でこういっておられます。「もはや、わたしはあなたがたをしもべとは呼ばない。しもべは主人が何をしているか知らないからである。わたしはあなたがたを友と呼ぶ。父から聞いたことをすべてあなたがたに知らせたからである。あなたがたがわたしを選んだのではない。

わたしがあなたがたを選んだ。あなたがたが出掛けて行って実を結び、その実が残るようにと、また、わたしの名によって父に願うものは何でも与えられるようにと、わたしがあなたがたを任命したのである」（ヨハネ15・15―16）。何とこれは、金額が空欄の小切手です。「わたしの名によってわたしの父に願うものは何でも与えられる」というのですから。

神は友であり、味方であり、伴侶です。人は祈りの中で、神との親しい関係を築くことができます。その証拠にイエスは「主の祈り」の中で、御父に頼みごとを連発するよう教えておられます。わたしたちは神に何でも、ことごとく願い求めることができます。洗いざらい説明してもよいですし、何でも話せます。神との関係においては、自分の至らなさを感じていてもいいのです。立派な友でなくても、聞き分けのよい子でなくても、忠実な伴侶でなくても、神は愛し続けてくださいます。それは、イエスが最後の晩餐《ばんさん》で「この杯《さかずき》は、あなたがたのために流される、わたしの血による新しい契約である」（ルカ22・20）とのことばをもって、決定的に示しておられる事実です。イエスは、高間でのこの行為によって十字架の神秘を先取りしておられます。神は裏切ることのない味方です。人が愛することをやめても、それでも神は、たとえ愛によってカルワリオ（されこうべ）に引かれていくとしても、愛し続けてくださいます。

神はいつだってわたしたちの心の扉のそばにおられ、それが開くのを待っておられます。わたしたちの心の扉をたたくこともありますが、少しも図々しさはありません。待っておられるのです。わたしたちに対する神の辛抱強さは、父親の、わたしたちを深く愛しておられるかたの、辛抱強さです。父親と母親の辛抱強さを同時に発揮するといってよいかもしれません。いつもわたしたちの心に寄り添ってくださり、心の扉をたたくときには、優しさと深い愛をもってそうなさるのです。

皆さん、契約の神秘にあずかって、次のように祈りましょう。祈りの中で、神のあわれみ深いみ腕に身をゆだね、三位一体のいのちである幸せの神秘に包まれていることを感じ、身に余る栄誉を得た招待客であることを味わって――。そして、祈りの奇跡の中で、神に繰り返し尋ねます。「あなたがご存じなのは、本当に愛だけなのですか」と――。神は憎しみを知りません。ご自分が憎まれることがあっても、憎むことを知りません。愛だけをご存じです。わたしたちが祈る神は、そのようなかたです。すべてのキリスト者の祈りの白熱する核は、そのようなかたです。愛である神、わたしたちを待っておられ、わたしたちに寄り添ってくださる御父です。

（二〇二〇年五月十三日、教皇公邸書斎からのライブ配信）

創造の神秘

愛する兄弟姉妹の皆さん、おはようございます。

祈りについての講話を、創造の神秘についてじっくり考えることで続けましょう。生――わたしたちは存在しているというシンプルな事実――が、人の心を祈りへと開きます。

聖書の最初のページは、壮大な感謝の賛歌のようです。創造物語は、リフレインによって一定のリズムを刻み、存在するすべてのものの善と美を強調し続けています。神は、ご自身のことばによって生へと呼び、一つ一つのものを存在せしめます。ことばによって、光と闇を分け、昼と夜を巡らせ、季節を巡らせ、多様な動植物による多彩なパレットを広げておられます。混沌をあっという間に打ち破った横溢の森に、最後に現れるのは人間です。人間の登場で歓喜がわき、満足と喜びが深まります。「神はお造りになったすべてのものをご覧になった。見よ、それはきわめてよかった」

（創世記1・31）。よいだけでなく、美しいのです。被造物はどれもが美しいのです。

創造の美と神秘は、人間の心の中に、祈りを呼び起こす最初の衝動を生み出します（『カトリック教会のカテキズム』2566参照）。この講話の前に詩編8章が朗読されました。「あなたの天を、あなたの指のわざを、わたしは仰ぎます。月も、星も、あなたが配置なさったもの。そのあなたがみ心に留めてくださるとは、人間は何ものなのでしょう。人の子は何ものなのでしょう、あなたが顧みてくださるとは」（4―5節）。この祈りの人は、自分の周りの生命の神秘を観想し、頭上に広がる星空――今日の天体物理学はその壮大さを示してくれます――を見上げ、これほどまでの途方もないわざの背後に、どんな愛の計画があるのだろうと思い巡らします。果てしないこの無限の広がりの中にある、人間とは何なのでしょうか。別の詩編は、「むなしいもの」（89・48参照）といっています。生まれてくる存在、死ぬ存在、実にはかない被造物です。しかし全宇宙の中で、この膨大な美に気づいている被造物は人間だけです。生まれては死んでいく、今日はあっても明日は知れない小さな存在ですが、この美しさに気づくことのできる唯一の存在です。わたしたちは、この美しさを知っているのです。

人間の祈りは、驚きの感情と密に結びついています。宇宙の規模に比べれば、人間の大きさなどちっぽけなものです。人間の大きな進歩は微々たるものに見えます……。

けれども人間は、取るに足らないものではありません。祈りの中では、いつくしみがありありと感じられます。偶然に存在するものはありません。宇宙の神秘は、わたしたちと見交わしてくださるかたの、優しいまなざしの中に存在しています。詩編によれば、わたしたちは神にわずかに劣るものであり、栄光と威光を冠としていただいています（8・6参照）。神とのつながりは人間の誇るべきもので、それが人間の就いている地位です。わたしたちは生来、無に等しい小さな存在ですが、召し出しによって、呼び出されたことによって、偉大な王の子らとなるのです。

多くの人にこんな体験があるでしょう。人生のさまざまな出来事によって、とくに挫折から、内なる祈りのたまものが押しつぶされそうになっても、星空、夕日、花を見つめていれば、感謝の火花が起きると。こうした体験が、おそらく聖書の最初のページの基となっているのでしょう。

天地創造という聖書のすばらしい物語が書かれた時代、イスラエルの民は幸せな日々を送っていたわけではありません。領土は敵国に占領され、多くの人が追放され、メソポタミアにおいて奴隷状態にありました。もはや祖国も、神殿も、社会的生活も、宗教的生活もありませんでした。何もかも失っていたのです。

それでも、まさに天地創造というすばらしい物語から出発することで、感謝の理由を取り戻し、自己の存在について神への賛美を始めただれかがいたのです。祈りは、希望の最初の力です。祈れば希望は膨らみ、どんどん増幅していきます。祈りは希望への扉を開く、ともいえるでしょう。希望はあるものですが、祈りによってその扉を開くのです。祈りの人は、基本的な真理を大切にしているからです。まず自分自身に、それから他のすべての人に、この世で生きることにたとえ苦難や試練があろうとも、苦しい日々を送っていても、息をのむような恵みに満ちているということを、つねに言い聞かせる人です。そのようなものであるから、生きることをどんなときにも守り抜かなければならないのです。

祈る人は、希望が失望よりも強いことを知っています。愛は死よりも強いこと、そして、いつどのようにかは分からなくても、愛がいつの日か必ず勝利することを信じています。祈りの人は、その顔に光を映し輝かせています。暗い日々であろうとも、太陽は彼らを照らし続けるからです。祈りはあなたを照らします。あなたの魂を照らし、心を照らし、顔を照らします。深い闇にあっても、ひどい苦しみのときでさえも。

わたしたちは皆、喜びの運搬人です。そう考えたことはありますか。自分は喜びの運搬人だと。それとも、悲しい悪い知らせを届けるほうがいいですか。わたしたちは皆、喜びを運ぶことができます。この人生は、神が与えてくださった贈り物です。悲しみや苦しみに費やすには短すぎます。存在させていただいていることを素直に喜び、神をたたえましょう。宇宙を見つめ、美しいものを見つめ、自分の十字架も見つめたうえで、こういいましょう。「それでもあなたはおられます、あなたはご自分のために、わたしたちをこのようにお造りになられました」と。神への感謝と賛美につながる、心の動揺を感じ取らなければなりません。わたしたちは、偉大な王、創造主の子らです。すべての被造物の中に刻まれた、そのかたの名を読み取ることができます。現代のわたしたちが大切に守っていない、そうした被造物の中にも、愛ゆえにお造りになった神の名が刻まれています。主によってわたしたちが、このことをより深く理解し、「ありがとう」といえるようになりますように。この「ありがとう」は、一つの美しい祈りです。

（二〇二〇年五月二十日、教皇公邸書斎からのライブ配信）

正しい人々の祈り

愛する兄弟姉妹の皆さん、おはようございます。

今日の講話は、正しい人々の祈りについてです。

人間についての神の計画は善ですが、日々の生活の中で悪が存在することを、わたしたちは身をもって体験します。日常的に経験しています。創世記の最初の章には、人間のかかわる出来事に罪が次第に拡大していく様子が記されています。アダムとエバ（創世記3・1―7参照）は、神の善意を疑い、幸せを妨げる嫉妬深い神を自分たちは相手にしていると思い込みます。そこから、彼らの背きは始まります。自分たちの幸福を望んでおられる寛大な創造主を信じられなくなるのです。彼らの心は悪魔の誘惑に負けて、全能という妄想にとらわれてしまいます。「それを食べると、神のようになる」（5節参照）と。これこそが誘惑です。心に忍び込む野心です。しかし彼らの経験は、反対に彼らの目を開き、自分たちは裸で（7節）何ももっていないことを知るのです。どうか忘れないでください。誘惑者は不実で、約束するわけではないのです。

悪魔は、人間の次の世代には、より強烈になり、力を増します。それが、カインとアベルの話です（創世記4・1―16参照）。カインは弟をねたみます。嫉妬の虫けらがいるのです。彼は長男でしたが、アベルを、長子としての自分の地位を脅かすライバルとみなします。悪魔が心に現れ、カインはそれを抑えきれなくなります。悪魔が心に浸食すると、つねに他者を悪く捉えて、疑いを抱くようになります。そして「こいつは悪いやつだ。こいつから害を被るんじゃないか」という考えをもつようになります。この思いが心に巣くうようになります。それで、最初の兄弟の物語は、殺人で幕を下ろします。わたしは今日も、人類の兄弟関係のことを、……至るところで戦争が起きていることを考えています。

カインの子孫のもとでは、技術や芸術が発展しますが、暴力もまた加速します。それはレメクの忌まわしい歌に表れていますが、復讐の賛歌のように聞こえます。「わたしは傷の報いに男を殺し、打ち傷の報いに若者を殺す。カインのための復讐が七倍なら、レメクのためには七十七倍」（4・23―24）。「お前がこうしたのだから、その代償はお前が払うのだ」、これが復讐です。ですがそう言い渡すのは裁判官ではなく、自分です。自分でその事態を裁くのです。そうなると、悪は山火事のように広がり、すべてを飲み尽くしてしまいます。「主は、地上に人の悪が増し、つねに悪いことばかりを心に思い計っているのをご覧になります」（6・5）。壮大な絵巻である大洪水（6～7章）とバベルの塔（11章）は、新たな創造といえる、新しい始まりが必要であることを物語るもので、新たな創造は、イエス・キリストにおいて完全になし遂げられることになります。

ですが聖書のこの冒頭のページには、希望のあがないを象徴した、さほど目立たない、もっと謙虚で敬虔さのある、別の物語もあります。ほぼすべての人がおぞましい振る舞いをして、憎しみと征服を人間にかかわる出来事の大きな原動力にしている中、真摯に神に祈りをささげ、人間の運命を別様に描くことのできる人たちも登場します。アベルは羊の初子《ういご》をいけにえとして神にささげます。彼の死後にアダムとエバは三男セトをもうけ、セトにはエノシュ（「死ぬ運命にある」という意味）が生まれました。「主のみ名を呼び始めたのは、この時代のことである」（4・26）といわれています。それからエノクが登場します。「神とともに歩み」、天に取られる人物です（5・22、24参照）。そしてついに、ノアの物語になります。ノアは「神とともに歩んだ」（6・9）、正しい人です。神は人間を一掃しようという考えを、ノアを前にして思いとどまりました（6・7―8参照）。

これらの物語を読むと、祈りは防波堤のようで、この世で勢いを増す悪の洪水を前にした人間の、逃れ場のようだとの印象を受けます。よく考えれば、わたしたちは自分自身から自分を守るためにも祈ります。次のように祈ることは大切です。「主よ、どうかわたし自身から、わたしの野心から、わたしの情欲から、わたしをお救いください」。聖書の冒頭に登場する祈る人々は、平和の作り手です。実際、祈りは、それが本物であれば、暴力の衝動からの解放、神を仰ぎ見るまなざしとなります。神が人間の心を手当てするのに戻ってくださるようにです。カテキズムにはこう書かれています。「このような祈りは、あらゆる宗教において多くの正しい人々が実行しているものです」（『カトリック教会のカテキズム』2569）。祈りは、人間の憎しみが砂漠を広げることしかできなかった場所に、復活の花園を育てます。祈りには強い力があります。祈りは神の力を引き寄せ、神の力はつねにいのちをお与えになるからです。必ず――。神はいのちの神であり、復活をもたらすかたです。

だからこそ神の主権は、世の中で誤解されたり疎外されたりしがちな人で連なる鎖の中を通られるのです。世界は神の力のおかげで存続し成長しますが、神の力を引き寄せるのはそうした人々の祈りです。華々しさは微塵《みじん》もなく、ニュースに登場することもありませんが、世界に信頼を取り戻すにはとても大切な鎖です。ある人の話が忘れられません。政治的指導者だった人で、今現在ではなく、かつて重鎮だった人です。心に信仰的感覚のない無神論者でしたが、子どものころに祖母が祈るのを聞いていて、それが心にずっと残っていました。人生の難局でその記憶がよみがえり、こんなふうにいいました。「そうだ、おばあさんはよく祈っていた」。そうして祖母と同じことばで祈ることを始め、イエスとの出会いを体験しました。祈りはつねに、いのちの連鎖です。祈りをささげる多くの人が、いのちの種を蒔《ま》いています。祈りが、ほんの小さな祈りが、いのちの種を蒔くのです。だからこそ、子どもたちに祈ることを教えるのは大切なのです。十字架のしるしのしかたを知らない子どもに会うと、悲しい気持ちになります。それが最初の祈りとなるのですから、十字架のしるしのしかたを子どもたちに教えなければなりません。子どもたちが祈りを身に着けるのは大切です。いずれ忘れてしまって、違う道に踏み出してしまうかもしれません。それでも子どものころに覚えた最初の祈りの数々は心に残ります。それらはいのちの種、神との対話の種だからです。

　神の歴史における神の道は、こうした人々を通過しています。人類の「残りの者たち」――弱肉強食のおきてに従うのではなく、神に奇跡を起こしてほしいと、何よりも、自分たちの石の心を肉の心に変えてほしい（エゼキエル36・26参照）と神に願う人々の間を走る道です。このことは、祈りの助けとなります。祈りは神への扉を開き、石になりがちなわたしたちの心を、人間らしい心に変えるものだからです。そのためには、人間らしさが多く求められます。人間らしさがあれば、人は深く祈ることができるのです。

（二〇二〇年五月二十七日、教皇公邸書斎からのライブ配信）

アブラハムの祈り

愛する兄弟姉妹の皆さん、おはようございます。

アブラハムの人生に、突然響いた声があります。訳の分からない旅に出るよう呼ぶ声、新しい未来、これまでとはまったく別の未来に向けて、故郷を、一族のルーツを断ち切って行くようけしかける声です。すべては一つの約束に基づき、ただそれに信頼するほかありません。約束を信用するのは簡単ではありません。勇気がいることです。それでもアブラハムは、それを信頼したのです。

聖書は、最初の族長の過去について何も語っていません。理の当然として、この人は異教の神々を礼拝していたと推察されます。天や星の観察に慣れた、知恵のある人だったろうと考えられます。まさに主は、子孫は天を覆う星の数ほど多くなるとアブラハムに約束されました。

そしてアブラハムは出発します。神の声を聞き、神のことばに信頼したのです。神のことばに信頼する——この点が大切です。この出立によって、神との関係を捉える新たなかたちが生まれました。それゆえ父祖アブラハムは、ユダヤ教、キリスト教、イスラームの偉大な霊的伝承の中で、神の目にかなう人物として、つまり、神のみ心が分かりにくくとも、不可解でも、神に従うことのできる人として存在しているのです。

ですからアブラハムは、みことばの人です。神が話されるとき、人間はそのことばの受け手となり、その人生は、みことばがそこでの実現（受肉）を望む場となります。信者の人生を召命、つまり呼び出しとして、約束が実現される場として理解するようになったこと、そして人は謎の影響力のもとにではなく、いつか必ず実現する約束の力によって世界を進んでいくこと、これは人類の信仰の歩みにおける大いなる新しさです。このようにアブラハムは、神の約束を信じました。信じ、行き先を知らずに出立しました。ヘブライ人への手紙にあるとおりです（11・8参照）。まさに、彼は信じたのです。

創世記を読むと、アブラハムが自身の道に随所随所で現れるみことばへの信頼をつねにもち、祈りを生きていた様子が分かります。いってみれば、アブラハムの人生においては、信仰が歴史となったのです。信仰が歴史となるのです。まさにアブラハムは、その生涯、その模範によって、信仰が歴史となる道を教えてくれます。神はもはや、宇宙の現象にしか見ることのできない、恐怖を抱いてしまう遠い存在ではありません。アブラハムの神は「わたしの神」となり、わたし自身の人生の神、わたしの歩みを導くかた、決してわたしを見放さないかたとなります。わたしの生涯の神、わたしの冒険の同伴者、摂理の神となられます。わたしも考えてみますが、皆さんにもお尋ねします。このように神を体験したことがありますか。「わたしの神」、わたしと並んで歩いてくださる神、わたし自身の人生の神、わたしの歩みを導いてくださる神、わたしを決して見放さない神、わたしの生涯の神、そのように体験していますか。これについて少し考えてみましょう。

　アブラハムのこうした体験は、霊性史においてもっとも独創的なものの一つである、ブレーズ・パスカルの「メモリアル」にも記されています。それはこのように始まります。「アブラハムの神、イサクの神、ヤコブの神にして、哲学者や学者の神にあらず。確実、確実、直観、歓喜、平安。イエス・キリストという神」（支倉崇晴訳、『メナール版パスカル全集第一巻　生涯の奇跡』白水社、一九九三年、二九四頁）。小さな羊皮紙に書かれ、この思想家の死後、彼の服の内側に縫い込まれた状態で発見されたこの覚書《メモリアル》は、彼のような学識豊かな人物が神に対して行う知的考察ではなく、実体験に基づく、神の存在についての理解です。パスカルは、ようやく出会うことのできたその現実の体験の正確な時刻までメモに残しています。一六五四年十一月二十三日の晩です。それは抽象的な神でも宇宙的な神でもありません。違います。ある人物の神、ある召し出しの神、アブラハムの神、イサクの神、ヤコブの神、確実である神、把握した神、喜びである神です。

「アブラハムの祈りはまず行為となって示されます。沈黙の人であるアブラハムは、行程ごとに一つの祭壇を主のために築きます」（『カトリック教会のカテキズム』2570）。アブラハムは神殿を築くのではなく、神が通られたことを思い起こす石の道を敷きました。アブラハムとサラによって温かく迎えられ、彼らに息子イサクの誕生を告げた三人の人が訪れたときのように、驚きをもたらす神を記念したのです（創世記18・1―15参照）。アブラハムは百歳、妻はほぼ九十歳になっていました。それでも二人は神を信頼し、信じました。そして妻サラは身ごもりました。その年齢でです。これこそがアブラハムの神であり、わたしたちとともに歩んでおられるかた、わたしたちの神なのです。

こうしてアブラハムは神と親しい者となり、言い争いができるほどに親しくなりますが、つねに忠実であり続けます。神と語らい、異議も唱えます。年老いてからもうけた唯一の跡継ぎである息子イサクを、神からいけにえとして求められる究極の試練を受けるほどにです。ここでアブラハムは、劇的なものとして信仰を体験します。今度は星の見えない真っ暗な夜に、手探りで進むようなものです。こうしたことはわたしたちにもよくあります。闇の中を、しかし信仰をもって歩むのです。息子を切りつけようとしたアブラハムの手を、神ご自身が止められます。ご自分に対して、アブラハムは真に完全に従順だとお分かりになったのです（創世記22・1―19参照）。

兄弟姉妹の皆さん。アブラハムから学びましょう。信仰をもって祈ること、主に耳を傾けること、歩むこと、自分の意見をぶつけられるほどに、主と語らうことを覚えましょう。神と意見を交わすのをおそれないようにしましょう。極端かもしれませんが、こんな話があります。わたしは、こんなやり取りを何度も聞いたことがあります。「ねえ。こんなことが起きて神に腹を立てています」――「神に腹を立てるなんて度胸があるね」――「そうよ。怒っています」――「でも、それはそれで一つの祈りのかたちだね」。父親に腹を立て、それでも再び向き合えるのは、その息子と娘だけなのです。アブラハムから、信仰をもって祈ることを、神と語らうことを、意見を交わしつつも、つねにみことばを受け入れ、それを実践しようとする意欲を学びましょう。父に話す子のように神と話すことを、神に耳を傾けること、神に返事をすること、自分の意見もぶつけることを覚えましょう。ただし、子が父親に対してそうであるように、包み隠さずに。このように祈るよう、アブラハムはわたしたちに教えているのです。

（二〇二〇年六月三日、教皇公邸書斎からのライブ配信）

ヤコブの祈り

愛する兄弟姉妹の皆さん、おはようございます。

祈りに関する連続講話を続けましょう。創世記は、遠い時代の人々の出来事を通して、わたしたちの人生を投影することのできる物語を語っています。父祖たちの中には、狡猾さを、授かった最高の能力として発揮した人物がいます。ヤコブです。聖書は、ヤコブとその兄エサウの間の難しい関係を伝えています。幼いころから二人はライバル関係にあり、その後もそれは変わりません。二人は双子でヤコブは次男でしたが、策を弄《ろう》して、うまいこと父イサクから長子の祝福と権利をくすねます（創世記25・19―34参照）。これは、この無遠慮な人物がその後に弄する数多くの策の初回にすぎません。「ヤコブ」という名前も、狡猾に立ち回る人という意味です。

兄から遠く逃れることを余儀なくされるものの、彼は人生の計画をことごとく成功させているように見えます。駆け引きにたけていたため、かなりの富を蓄え、莫大な頭数の家畜を所有するようになります。ラバンの娘のうち、自分が恋慕っていた、容姿の優れた娘との結婚を、執念と辛抱によって勝ち取ります。ヤコブは、作為と策略によって欲しいものすべてを手に入れる、今風にいえば「たたき上げ」です。ですが何かが欠けていました。ふるさととの温かな結びつきです。

ある日彼は、郷愁に駆られ、遠い昔に去った故郷――ずっと険悪な関係だった兄エサウが今でも住んでいる地――に帰りたいとの思いを募らせます。ヤコブは出発し、家族と家畜の大群《キャラバン》を率いての長旅の末、最後の野営地であるヤボク川に到着します。ここで創世記は、印象的な一ページを示します（32・23―33参照）。大所帯の家族と家畜すべてに川を渡らせた後、父祖は独り対岸にとどまっていたと伝えています。そして彼は、明日はどうなるだろうかと考えています。自分に長子権を奪われた兄エサウは、どんな態度を取るだろうか、と。ヤコブの脳裏には、さまざまな思いが去来しています。そして日が暮れると、突然何者かが彼につかみかかり、彼と格闘し始めます。『カトリック教会のカテキズム』は次のように説明しています。「教会の霊的伝承によると、この物語は信仰の戦いである祈り、また堅忍の勝利である祈りを象徴するものです」（2573）。

ヤコブは一晩中格闘し、相手を放しませんでした。ついに彼が勝ちを収めそうになると、相手から腿《もも》の関節を打たれ、それ以来一生足を引きずることになります。謎に包まれた敵は、名を尋ねてからヤコブに告げます。「お前の名はもうヤコブではなく、これからはイスラエルと呼ばれる。お前は神と人と闘って勝ったからだ」（創世記32・29）。まるで、「お前はもうこのように歩むのではなく、まっすぐ歩む者となるだろう」といっているかのようです。名前を改め、生き方を変え、生きる姿勢を変えるのです。お前は、これからはイスラエルと呼ばれる――といって。ヤコブも相手に尋ねます。「どうか、あなたのお名前を教えてください」。相手は名を明かしませんが、代わりにヤコブを祝福します。そうしてヤコブは、自分が「顔と顔を合わせて」神を見ていたことを知るのです（30―31節参照）。

神との格闘、これは祈りの一つの比喩です。それまでのヤコブは、神と対話ができ、神を親しく身近な存在として感じる人物として描かれています。ですがこの夜、負けるかと思えた長い格闘を通して、父祖は変わります。名前も生き方も、性格も変わります。変えられてしまうのです。この格闘のときばかりは彼も状況を掌握できず、その狡猾さも発揮できません。ヤコブはもはや策士でもなければ、打算的人物でもありません。格闘中は恐怖に包まれていましたが、それは神がヤコブを、おびえ恐れる、死すべき人間なのだという己の真実に立ち帰らせるためでした。このときヤコブには、自らのもろさ、無力さ、そして罪を神にさらけ出すほかなかったのです。ですがそのヤコブだからこそ、神から祝福を受け、その祝福ゆえに、足をひきずりながらも、約束の地に入ることができたのです。脆弱《ぜいじゃく》な者として、しかし新たな心をもって——。あるご老人が、こんなふうにいっているのを聞いたことがあります。善良な人で、敬虔なキリスト者で、罪人として神に深く信頼を寄せているかたでした。「神はわたしを助けてくださいます。決してわたしを独り捨ておかれません。わたしは天国に行きますよ。足を引きずってでも」。以前のヤコブは自信家で、抜け目ない自分の策を信じていました。恵みの雨をよけるレインコートをまとった、いつくしみをはじくコーティング状態の人でした。いつくしみとは何であるかを知らなかったのです。「さあ、このわたしが、自分で按配《あんばい》するのだから」と、いつくしみの助けが必要だとは思わなかったのです。それでも神は、失われていたものを救い出してくださいました。神はヤコブに、限界がある者であること、いつくしみを必要とする罪人であることを自覚させ、彼を救ってくださったのです。

だれもが、闇夜に、人生の夜に、たびたび訪れる人生の夜に、神と出会うことになっています。真っ暗な闇に覆われているとき、罪の中にあるとき、途方に暮れているときにです。そうしたとき、必ず神と出会うことになっています。まさか神がというときに、本当に独りぼっちのときに、神はわたしたちを驚かせます。そんな夜、何者かと格闘することで、わたしたちは自分がただ貧しいだけの者であると、あえていえば「みじめな者」だと痛感します。しかしまさに、自分がみじめな者だと自覚した瞬間にこそ、おそれる必要がなくなるのです。その瞬間、神が新しい名前を授けてくださるからです。与えられた人生の意味が込められている名です。神は、わたしたちの心を変えてくださいます。そして、神に自分を変えていただこうとした人にだけ与えられる、恵みを注いでくださるでしょう。それは、神に変えていただきなさいと招く、すてきな招待状です。神はわたしたち一人ひとりを知っておられるので、変えてくださる方法をご存じです。「主よ、あなたはわたしをご存じです」。だれもがそういえます。「主よ、あなたはわたしをご存じです。わたしを変えてください」。

（二〇二〇年六月十日、教皇公邸書斎からのライブ配信）

モーセの祈り

愛する兄弟姉妹の皆さん、おはようございます。

祈りをテーマにしたこの歩みで分かってきたのは、神は「手を焼かせない」祈る人には、かかわろうとされないということです。モーセですら、その召命の最初のときから「手のかかる」対話の相手だったのです。

神に呼ばれたとき、モーセは人間の目で見れば「負け組」でした。出エジプト記は、ミディアンの地にいる彼を逃亡者として描いています。若いモーセは、同胞のヘブライ人を不憫《ふびん》に思い、抑圧されている人を守ろうと加担します。ところが、よかれと思ってのことなのに、己の手から流れるものが義ではなく暴力だという事実を悟ります。そして栄光の夢は砕け散るのです。モーセはもはやスピード出世が約束された将来有望な役人ではなく、落後者であり、今や、自分のものでもない羊の番人に成り下がっています。けれども神がモーセを燃える柴《しば》の啓示へと呼び寄せられるのは、まさにこのミディアン砂漠の沈黙の中でだったのです。「わたしはあなたの父の神である。アブラハムの神、イサクの神、ヤコブの神である」。モーセは、神を見ることを恐れて顔を覆った」（出エジプト3・6）。

語りかける神、再びイスラエルの民の世話をするよう自分を招く神をモーセは恐れ、反論して抵抗します。自分はその使命にはふさわしい者ではない、神の名も知らない、自分はイスラエルの民に信用されていないし、弁も立たない……。そのように次々反駁します。モーセが何度も口にすることば、祈りの中でつど神にぶつけることばは問いです。なぜですか――。なぜわたしをお遣わしになったのですか。なぜその民の解放を望まれるのですか。モーセ五書にはさらに、モーセの信仰の薄さ、つまり約束の地に入ろうとしないその怠慢を、神が叱責する激しい一節すらあります（民数記20・12参照）。

そうした恐れや、揺らぎがちな心をもちながら、どうしてモーセは祈ることができるのでしょうか。まさにモーセは、わたしたちと同じような人間に見えます。ですから同じことがわたしたちにも起こります。疑いながら、どうして祈れるでしょうか。祈れなくなります。わたしたちは彼の強さだけでなく、その弱さにこそ胸を打たれます。モーセは神からその民に律法を伝える任を託された、神の礼拝の創始者であり、大いなる神秘の仲介者ですが、だからといって、同胞との連帯の固いきずなを放棄しませんし、彼らが誘惑や罪にあるときは、なおさらそうしません。つねに民に根ざしています。モーセは決して自分の民を忘れません。民を忘れない、ルーツを忘れない、これは司教にとって大事なことです。パウロが心をかけた青年司教テモテにいったとおりです。「あなたの母、あなたの祖母、あなたのルーツ、あなたの民を忘れてはなりません」と。モーセは、顔と顔を合わせて話せるほどに神と親しくしています（出エジプト33・11参照）。しかし同時に、彼は自分の民の罪を、誘惑を、そしてエジプト時代を懐かしみ過去へと思いを向けた逃亡者たちの突然の郷愁を不憫に思うほど、自分の民に親しんでいるのです。

モーセは神を拒むことも、民を拒むこともしません。彼は血縁の同胞に一致する者であり、神の声に一致する者なのです。このようにモーセは、権威を振りかざす横暴な指導者ではありません。それどころか、民数記は彼を「この地上のだれよりも謙遜で柔和」（12・3参照）だといっています。特権を与えられた身分でありながら、モーセは神への信頼を旅路の糧として生きる心の貧しい者たちの群れに属することを決して放棄しません。民の一員なのです。

ですからもっともモーセらしい祈りは、執り成しの祈りです（『カトリック教会のカテキズム』2574）。彼の神への信仰は、彼が自分の民に対して抱いていた父親的な思いと切り離せないものです。聖書がよく描いているのは、神に向けて、天に両手を伸ばす彼の姿勢ですが、それはまるで、そのからだで天と地の間に橋を架けるかのようです。もっとも厳しい試練のとき、金の子牛を作るために民が、神と指導者である自分を拒むときにも、モーセは同胞たちを顧みようとします。彼らはわたしの民です。彼らはあなたの民です。わたしの民です。モーセは神も、自分の民も拒みません。そして神にいいます。「ああ、この民は大きな罪を犯し、金の神を造りました。今、もしもあなたが彼らの罪をおゆるしくださるのであれば……。もし、それがかなわなければ、どうかこのわたしをあなたが書き記された書の中から消し去ってください」（出エジプト32・31―32）。モーセは民を取引材料にしません。彼は架け橋であり、仲介者です。民と神の二者があり、彼はその間にいます。彼は自分の功績のために民を売り渡したりはしません。出世をねらう人ではなく、仲介者です。同胞のため、血族のため、その歴史のため、自分の民のため、自分を呼んでおられる神のための仲介者です。彼は橋渡し役です。「橋」であるべきすべての司教にとっての優れた模範です。だから彼らは、ポンティフェクス（訳注：通常、ローマ司教である教皇を指すラテン語の pontifex には、司教やユダヤ教の大祭司という意味もあり、字義は「橋（pons）を作る（facere）人」）と呼ばれるのです。司教は、自分が属する民と、召し出しによって自らが属している神とをつなぐ橋です。それがモーセの姿です。「主よ、彼らの罪をおゆるしください。もし、それがかなわなければ、どうかこのわたしをあなたが書き記された書の中から消し去ってください。わたしは民を犠牲にした成功を望んではいません」。

　そしてこれは、まことの信者がそれぞれの霊的生活の中で深める祈りです。このように祈る人は、たとえ人々の過ちや神からの離反を目の当たりにしても、彼らを罪には定めず、拒絶しません。執り成す姿勢は、イエスに倣い、神とその民の「架け橋」となる聖人たちの特徴です。その意味でモーセは、わたしたちの弁護者にして仲介者であられるイエスを告げる最高の預言者だったのです（『カトリック教会のカテキズム』2577参照）。今日でも、イエスはポンティフィクスであられ、御父とわたしたちの間をつなぐ橋でいてくださいます。イエスはわたしたちのために執り成してくださいます。わたしたちの救済の対価である傷を御父に示し、執り成してくださいます。そしてモーセは、今わたしたちのために祈っておられるかた、わたしたちを執り成してくださるかた、イエスの前表なのです。

　モーセはわたしたちに、イエスと同じ熱意をもって祈るよう、世界のために執り成すよう、世界は、そのあらゆる弱さにもかかわらず、つねに神に属するものであると思い起こすよう促しています。すべての人が、神に属しています。重罪人も、極悪人も、腐敗しきった指導者も、神の子どもです。イエスはそのことを知っておられ、すべての人のために執り成しているのです。世界が存続し、繁栄しているのは、正しい人がもたらす神の恵みのおかげ、憐憫《れんびん》の祈りのおかげです。聖人、正しい人、仲介者、司祭、司教、教皇、信徒、洗礼を受けたすべての人が、それぞれの場で、いつの時代にも、人々のためにたえずささげている、憐憫の祈りのおかげです。執り成し手であるモーセを思い起こしましょう。そしてだれかを断罪したくなり、怒りが込み上げたなら――怒るのはよいとしても、断罪はよくありません――、その人のために執り成しましょう。そうすることは、大いにわたしたちのためになることです。

（二〇二〇年六月十七日、教皇公邸書斎からのライブ配信）

ダビデの祈り

愛する兄弟姉妹の皆さん、おはようございます。

祈りに関するこの連続講話に、今日はダビデ王をお迎えします。少年時代から神に目をかけられてきた彼は、神の民の歴史とわたしたち自身の信仰史において、中心的な役割を果たす特別な使命のために選ばれた人物です。福音書の中でイエスはたびたび「ダビデの子」と呼ばれていますが、実際ダビデと同じくベツレヘム出身です。約束によれば、ダビデの子孫からメシアが現れることになっています。御父にどこまでも従順に、だれよりも神のみ心に従った王で、その行いは御父の救いの計画を忠実に実現するものです（『カトリック教会のカテキズム』2579参照）。

ダビデの物語は、ベツレヘム近辺の丘の上で始まります。彼はそこで、父エッサイの羊の番をしていました。まだ幼く、大勢の兄をもつ末っ子です。神に命じられて預言者サムエルが新しい王を探しに来た際、父親はこの末息子のことをほとんど忘れていたほどです（サムエル上16・1―13参照）。ダビデは戸外で働いていたので、風や自然の音、日の光に親しんでいただろうと思います。ダビデの心をいやす唯一の友は竪琴《たてごと》です。孤独な長い日々の中で、竪琴を奏で、神に向けて歌うことを楽しみとしています。また、石投げひもで遊んだりしていました。

ですからダビデは、まず第一に羊飼いです。家畜の世話をし、危険に襲われたら家畜を守り、餌《えさ》を与えて養う者です。ダビデは、神のみ旨により民の世話をすることになったときも、それとまったく異なる行動を取るわけではありません。ですから聖書には、羊飼いのイメージが何度も登場するのです。イエスもご自分を「よい羊飼い」だと定義しておられます。その行動は、雇われ人とはまったく異なります。羊のためにいのちをささげ、羊を導き、一匹一匹の名前を知っておられるのです（ヨハネ10・11―18参照）。

この最初の仕事から、ダビデは多くのことを学んでいました。だから預言者ナタンに重大な罪をとがめられると（サムエル下12・1―15参照）、ダビデはすぐに、自分が悪い羊飼いだったことを、ほかの人からその人の愛した唯一の羊を奪ってしまったことを、自分はもはや謙虚なしもべではなく、権力の亡者、人を殺し略奪を働く密猟者になっていることを悟るのです。

ダビデの召命に見られる第二の特徴は、詩人の心です。ここから見受けられるのは、ダビデは、長らく社会から隔絶された暮らしを強いられた人がなりがちな、がさつな人ではなかったということです。それどころか、音楽と歌を愛する繊細な人です。あるときには喜びの賛歌を神にささげ（サムエル下6・16参照）、あるときには悲しみを訴えたり、罪を告白したりするために（詩編51・3参照）、いつも竪琴を携えています。

彼の目に映る世界は、無言の光景ではありません。さまざまな物事が起きるにつれ、偉大な神秘を捉えるようになります。祈りはまさにそこから生まれます。人生はわたしたちにのしかかるものではなく、息をのむような神秘――詩、音楽、感謝、賛美、嘆き、嘆願をかき立てるもの――なのだという確信から生まれるのです。詩的な要素が欠ける人、いえ思い切って、詩をもたぬ人といいましょうか、そうした人の心には調和がありません。だから伝承によれば、ダビデは優れた詩編作者です。詩編の多くはその冒頭で、イスラエルの王と、その人生における気高かったりそうでなかったりする出来事について、明確に言及しています。

さて、ダビデにはよい羊飼いでありたいという夢がありました。その夢がかなっているといえるときもあれば、そうでないときもありました。ですが救いの歴史の文脈で大切なのは、彼の存在は別の王の預言であり、彼はただそのかたの告知であり、前表であるということです。

ダビデについて見ていきたいと思います。ダビデを考察していきましょう。聖者であり罪人、被迫害者にして迫害者、犠牲者であり殺人者、――矛盾です。ダビデはそのすべてが当てはまる人物でした。わたしたちの人生にも、しばしば相反する姿が刻まれています。生きるというドラマの中では、だれもが矛盾する行動を取る過ちをたびたび犯します。ダビデの生涯には連続しているものが一つだけあり、それがすべての出来事を一つにつないでいます。彼の祈りです。それは決してやむことのない声です。聖なるダビデは祈り、罪人ダビデは祈ります。迫害されたダビデは祈り、迫害者ダビデは祈ります。犠牲者ダビデは祈ります。そして殺人者としてさえもダビデは祈ります。これが、彼の人生を貫くひと筋の糸です。祈りの人なのです。それは決してやむことのない声です。喜びの音色であれ、嘆きの音色であれ、それは変わることなく祈りであり、調べが変わるだけなのです。そうしてダビデは、あらゆることを神との対話に加えるよう教えてくれます。喜びと同じく罪について、愛と同じく苦しみについて、友情と同じく病について、語らうのです。すべてが、必ず耳を傾けてくださる「主なるあなた」へと語ることばとなるのです。

孤独を味わったダビデでしたが、実は決して独りきりではありませんでした。その根底には祈りの力がありました。それは、生活の中で祈る時間をもつ人皆が手にする力です。祈りは、あなたに気高さを添えます。ダビデは祈るから気高いのです。祈っているのが殺人者であっても、祈り、悔い改め、祈りのおかげで気高さを取り戻すのです。祈りが、わたしたちに気高さを付与します。祈りは、人間の旅路におられる、よい意味でも悪い意味でも数限りなく訪れる試練の中にいてくださる、真の同伴者である神との関係を確かなものにすることができます。つねに祈るのです。主よ、感謝します。主よ、怖いのです。主よ、助けてください。主よ、ゆるしてください。ダビデは、迫害され逃げざるをえなかったときも、だれにも自分を守らせず、固く信頼していました。「わたしの神が、わたしにこのような辱めを与えるのなら、神にとってその理由があるはずだ」と。祈りの気高さは、神のみ手にわたしたちをゆだねるからです。愛がために傷を負ったその手こそ、わたしたちの知る唯一確かな手なのです。

（二〇二〇年六月二十四日、教皇公邸書斎からのライブ配信）

エリヤの祈り

愛する兄弟姉妹の皆さん、おはようございます。

被造物をいやすことをテーマにした講話を挟んだために中断していましたが、今日から祈りについての講話を再開します（訳注：挟まれた連続講話は、既刊『使徒言行録・世をいやす』に収録）。さて、聖書全体の中でも実に心を惹かれる人物の一人、預言者エリヤについて考えていきましょう。エリヤは彼自身の時代を越え、福音のいくつかの箇所にもその姿が登場します。主の変容の場面では、イエスの傍らに、モーセと並んで姿を現します（マタイ17・3参照）。イエスご自身も、洗礼者ヨハネのあかしを認めるために、エリヤに言及しておられます（マタイ17・10―13参照）。

エリヤは、突如、辺境の小さな村の出身者として（列王記上17・1参照）謎に包まれて聖書に登場し、最後は弟子のエリシャの目の前で、火の戦車に乗って天に上り（列王記下2・11―12参照）、退場することになります。ですから彼については、詳しい出自も、その最期さえも明らかにされていません。天に連れ去られたと記されているだけです。ですからメシアの到来の前に、エリヤがその先駆者として戻って来ると期待されていました。そのように人々は、エリヤの再来を待ち望んでいたのです。

聖書はエリヤを、曇りのない信仰の人として示しています。その名前は「ヤーウェは神」という意味であり、そこには彼の使命の秘密が織り込まれています。さもしい妥協などできない、清廉な人、生涯そのような者であるよう定められていました。この人を象徴するのは、神の清める力のシンボルである火です。初めは厳しい試練を受け、その後は信仰を貫くようになります。誘惑や苦しみを知りながらも、そのために自分は生まれてきた理想を失わない、すべての信者の模範です。

祈りは、彼自身にたえず栄養を送り続ける血液です。ですから彼は修道生活の伝統においてもっとも親しまれている人物の一人で、奉献生活の霊的な父祖とみなす人もいるほどです。エリヤは神の人、いと高きかたを第一とする弁護者として立つ人です。そのような彼でも、自分自身の弱さと向き合わざるをえないときがあります。カルメル山で偽預言者たちを打ち負かしたことか（列王記上18・20―40参照）、それとも自分が「先祖に勝る者」ではないと気づく動揺か（列王記上19・4参照）、どちらの経験が彼にとってよいことであったのか、判断は難しいところです。祈る人の心においては、人生が勝利と成功の連続であるかのように思えるときの高揚感よりも、己の弱さを感じることのほうが価値あるものなのです。祈りにおいて、いつも起きることがあります。狂喜といえるほどに高揚感を覚える祈りもあれば、苦悩の祈り、乾ききった祈り、試練の中での祈りもあります。祈りとは、神に用いてもらうよう身を明け渡すことであり、苦境や誘惑に打ちのめされることでもあるのです。このことは、新約聖書はもちろん、ほかの聖書にもたくさんある召し出しに見いだされる実態です。例として、聖ペトロと聖パウロのことを考えてください。彼らの人生にも、同じように、歓喜のときもあれば、後ろ向きになるとき、苦しいときもありました。

エリヤは観想的な暮らしを送ると同時に、当時の出来事に深くかかわって、活動的に生きる人でもあります。王と妃《きさき》がぶどう園を横取りするためにナボトを殺すと、彼らを激しくのしることもいといません（列王記上21・1―24参照）。わたしたちは、指導者としての責任を担う人に対し、エリヤと同じ勇気をもって、「こんなことがあってはならない。これは殺人だ」と声を上げて行動を起こす熱意あるキリスト者、信者を、どれほど必要としていることでしょう。わたしたちにはエリヤの気概が必要です。祈る人の生き方には二項対立があってはならないと、彼は教えてくれます。主の前に立ち、そして、主が遣わす先の兄弟姉妹に会いに行くのです。祈りとは、心の体裁を取り繕うために、主と一緒に閉じこもることではありません。そうではありません。それは祈りではありません。それは見せかけの祈りです。祈りとは神と向き合うことであり、また、兄弟姉妹に仕えるために派遣していただくことです。祈りの試金石は、隣人愛の実践です。その逆もまた然《しか》りです。信者は、まず静かに祈ってから、世において行動します。そうでなければ、その行動は衝動的なもの、識別せずになされたもの、目的なしのがむしゃらな突進です。信者の中にはそのように行動する人がいます。まず祈り、何をすべきか識別すべく主のもとに行かなかったために、正義にもとる数々を犯してしまうのです。

聖書を見ると、エリヤの信仰にも成長の過程を想像できます。彼もまた、祈りの中で成長し、少しずつ磨かれていったのです。歩みの中で、神のみ顔が少しずつはっきりと見えるようになりました。それは、神が山上でエリヤの前に出現する、あの特別な体験で頂点に達します（列王記上19・9―13参照）。神は激しい嵐の中にでも、地震の中にでも、焼き尽くす火の中にでもなく、「静かにささやく声」（12節）にご自分を現されます。あるいはこの経験をより深く解釈して言い換えるならば、一本のよく通る沈黙の中に――。そのように神は、エリヤにご自分を現されます。そのひっそりとしたしるしこそが、落ち着きを失い、その時点で逃亡中であった預言者エリヤとの対話に、神が用いる手段なのです。神は疲れた人に、八方ふさがりだと思っている人のところに来てくださり、あの優しいそよ風、あの一本のよく通る沈黙によって、その心に落ち着きと平安を取り戻してくださいます。

これはエリヤの物語ですが、わたしたち皆に向けて書かれているのだと思います。夜になると、無用感や孤独感に襲われることがあります。そんなときに、祈りがわいて来て、わたしたちの心の扉をたたくのです。弟子のエリシャが外套を拾ったように、わたしたち皆が、エリヤの外套を拾うことができます。間違いを犯したとしても、恐れたりおびえたりしていても、祈りによって神のみ前に立ち帰るならば、平静と平安が奇跡のように戻ってくるでしょう。それこそが、エリヤの模範が教えてくれることなのです。

（二〇二〇年十月七日、パウロ六世ホールにて）

詩編の祈り（一）

愛する兄弟姉妹の皆さん、おはようございます。

聖書を読んでいると、さまざまな祈りに次々と出会います。さらに、祈りのみで編まれた書もあります。無数の祈り人の故郷であり、訓練場であり、家である書です。詩編のことです。祈るための、一五〇編もの詩歌です。

これが知恵文学とされるのは、神と対話する経験を通した「祈りについての知恵」を伝えているからです。詩編では、喜び、苦悩、疑い、希望、悲嘆といった、人生を彩る人間のあらゆる思いに触れることができます。『カトリック教会のカテキズム』が述べるように、どの詩編も、「あらゆる境遇、あらゆる時代の人々がこの詩編で真実に祈ることができるように、簡潔にまとめられています」（2588）。詩編を繰り返し読むことで、祈りのことばを覚えるのです。父なる神が、ご自分の霊をもって、ダビデ王や他の祈る人々の心に霊感を授けられたのは、どのようにご自分への賛美と感謝と懇願をささげるのかを、どのように喜びや苦しみの中で祈るのかを、みわざと律法に対する感嘆をどのように伝えたらよいのかを、一人ひとりに教えるためなのです。つまり詩編は、わたしたち人間が神と語る際に用いる、神のことばなのです。

この書には、別世界の人、観念上の人、祈りを審美的あるいは浮世離れした経験と混同する人は登場しません。詩編は机上で生まれたことばではありません。実生活のただ中からほとばしる、しばしば劇的である祈願のことばです。それらを祈るには、わたしたちはありのままでいれば十分です。よく祈るには、飾らずそのままの自分で祈らなければならないことを忘れないでください。祈るのに、心を取り繕ってはなりません。「主よ、このようなわたしです」――、だれも知らない、わたしだけが知る、美しい部分も醜い部分もある、そのままの姿で主のみ前に出るのです。詩編から聞こえてくるのは、血の通った生身の人間の祈る声です。わたしたちと同じように、悩みや苦労の多い不安に満ちた人生を送る人々です。詩編作者は、そうした苦しみと徹底して争おうとはしません。それが人生だと分かっているのです。しかし、詩編の中では、苦しみは問いへと変えられます。苦しみから、問いとなるのです。

多くの問いの中で、終わらない嗚咽《おえつ》のように、この書全体を通して消えることのないものが一つあります。わたしたちが何度も何度も口にする問いです。「いつまでですか。主よ、いつまでですか」。苦しみ一つ一つが解放を求め、涙のしずく一つ一つが慰めを願い、傷の一つ一つがいやしを待っていて、悪評一つ一つが名誉の回復を欲しています。「主よ、いつまでこんなに苦しまなければならないのですか。主よ、わたしの声を聞いてください。」どれほど、このように祈ったことでしょうか。「いつまでですか」。主よ、もうたくさんです。

詩編はこうした問いをたえず続けることで、苦しみに慣れてはいけないと教え、いやされなければいのちは救われないことを思い出させてくれます。一人の人間の存在は一つの息、人生ははかないものですが、祈る人は、自分が神の目には尊いものだと知っているので、叫びには意味があるのです。そしてそれが大事なのです。わたしたちが祈るときは、自分が神の目には大切な存在だと知っているから祈るのです。神の目には尊い存在である——、聖霊の恵みが、内側からその自覚を与えてくださいます。だからこそ、祈りへと突き動かされるのです。

詩編の祈りは、この叫びを証言しています。多様でありながらも一つである叫びです。人生の苦しみには、病、憎しみ、争い、迫害、不信と呼ばれるものから、死という最大の「大事件」に至るまで、実にさまざまなものがあるからです。死は、究極に不条理な人間の敵として詩編に登場します。消滅と終焉《しゅうえん》を招くほどの、残酷な罰に値する罪などあるのでしょうか。詩編作者は、人間が手を尽くしてもことごとく徒労に帰するとき、神の介入を求めます。だからこそ祈りは、それ自体ですでに救いへの道であり、救いの始まりなのです。

だれもが、この世界の中で苦しんでいます。神を信じていようが、神を拒んでいようが関係ありません。ただ詩編では、苦しみはつながりに、親密な信頼関係になっていきます。聞き入れてくださる耳を逃すまいと、助けを求めて叫ぶのです。それが意味のないまま、あてないままに終わることはありません。わたしたちが苦しむ痛みは、普遍のおきての単なる一例として片づけられるものではありません。それはつねに、「わたしの」涙です。考えてみてください。万人の涙などなく、「わたしの」涙です。一人ひとりに己の涙があります。「わたしの」涙と「わたしの」苦しみが、わたしを祈りへと駆り立てるのです。「わたしの」涙であり、だれかが先だって流したものではありません。確かに大勢の人が、たくさんの人が涙を流してきました。けれども「わたしの」涙はあくまでもわたしの涙、「わたしの」痛みはわたしの痛み、「わたしの」苦しみはわたしの苦しみなのです。

このホールに入る前、先日殺害されたコモ教区の司祭のご両親にお会いしました。援助活動の最中に殺された、あの司祭です。ご両親の涙は「彼ら自身の」涙です。お二人それぞれが、貧しい人のためにいのちをささげた息子を見て、途方もない苦しみを味わっています。慰めたいと思っても、わたしたちにはことばが見つかりません。なぜでしょうか。わたしたちはその人の痛みを肩代わりすることはできず、「その人の」苦しみはその人のもの、「その人の」涙はその人自身のものだからです。それはわたしたちにもいえることです。涙、「わたしの」苦しみはわたしのものであり、涙は「わたしの」涙であり、この涙で、この苦しみによって、わたしは主に立ち帰るのです。

人間の苦しみは、ことごとく神にとって聖なるものです。だから詩編56を祈る人はこう祈るのです。「あなたはわたしの嘆きを数えられたはずです。あなたの記録に、それが載っているではありませんか。あなたの革袋にわたしの涙を蓄えてください」（9節）。神のみ前では、わたしたちは正体不明の人物でもなければ、数字でもありません。一人ひとり名前を覚えられている、顔と心をもった人間なのです。

詩編の中に、信者は答えを見いだします。人間の扉がすべて固く閉ざされていたとしても、神の扉は開かれていると、信者は知っています。たとえ全世界が有罪判決を下そうとも、神のもとには救いがあります。

「主は聞いておられる」――祈りの中で、それが分かるだけで十分だということもありますん。問題はつねに解決されるわけではありません。祈る人は夢想家ではありません。人生の数々の問題は解決されず、どうにもならないことは分かっています。奮闘が一つ終わっても、また別のものが待ち受けています。ですがそうだとしても、聞いてもらえているならば、すべては耐えやすくなるのです。

最悪なのは、だれにも顧みられずに、見捨てられた状態で苦しむことです。祈りは、そこからわたしたちを救ってくれます。神の計画が理解できないことはあります。よくあることです。ですがわたしたちの叫びはこの世に沈滞していません。父の心をもっておられるかた、苦しむ子ら、死ぬ思いでいる子ら一人ひとりのために、自ら涙を流されるかたのもとへと高く上っていきます。

一つ秘訣をお伝えしようと思います。わたしは苦しいとき、イエスの涙を思い浮かべるようにしています。エルサレムを見て泣いておられるイエス、ラザロの墓の前で泣いておられるイエスです。神はわたしたちのために涙を流された――。神はわたしたちの苦しみのために涙を流し、泣いておられるのです。神が人となることをお望みになったのは、ある神秘家によれば、涙を流せるようになるためです。自分とともにイエスが苦しみ泣いておられる姿を思い浮かべれば、それは慰めとなり、前を向く支えとなります。イエスとのつながりにとどまるならば、人生から苦しみが消えることはなくとも、恵みの広い地平が開け、その充満に向かって導かれるはずです。勇気を出して、祈りつつ進みましょう。イエスはいつもそばにおられます。

（二〇二〇年十月十四日、パウロ六世ホールにて）

詩編の祈り（二）

愛する兄弟姉妹の皆さん、おはようございます。

今日は、新型コロナウイルスの感染拡大防止のために、謁見のしかたを少し変えざるをえません。皆さんはマスクをして距離も取っておられ、わたしもここで離れていますが、いつものように皆さんのそばに行くことができません。皆さんのところへ行くと、集まって密になってしまい、感染リスクが生じるからです。申し訳ないのですが、これも皆さんの安全のためです。そばに行って握手してあいさつしたりはできず、離れてあいさつしたしますが、心は皆さんの近くにいることを分かっていてください。こうせざるをえないことを、どうかご理解ください。さて、聖書朗読の間、わたしは泣いている赤ちゃんを眺めていました。そして赤ちゃんをあやし、お乳をあげるお母さんを見て思いました。「神は、あのお母さんのように、わたしたちにしてくださっているのだな」。優しく赤ちゃんをあやして、授乳しようとしていました。このうえなく美しい姿です。教会でこういうことがあれば、赤ちゃんが泣いていたら、そこには、今日のように、母の優しさがあるのです。母の優しさは、わたしたちに対する神の優しさの象徴です。教会で赤ちゃんが泣いていても、決して静かにさせようとはしないでください。それは、神の優しさを引き寄せる声だからです。お母さん、あなたのあかしに感謝します。

今日は、詩編の祈りに関する講話を締めくくります。まず触れておきたいのは、詩編にはたびたび望ましくない人物、「神を否定する者」、つまり神などいないかのようにして生きる人が登場するということです。超越的なものにいっさい言及せず、どこまでも傲慢で、自分の考えや行動が裁かれるのを気にしない人です。

だから詩編は、祈りを人生の根幹にある事実として示しています。絶対的なもの、超越的なものへの言及――修徳者はこれを「神への聖なる畏怖」と呼びます――が、わたしたちを真に人間らしくします。それはわたしたちを自分自身から救い、攻撃的で貪欲な生き方に陥らないよう防いでくれる、境界線となります。祈りは人間の救いとなるのです。

もちろん、嘘の祈り、人に感心してもらうためだけにしている祈りというのもあります。ミサに行くのは、カトリック信者に見えるようにしたいため、あるいは買ったばかりの服を見せびらかすため、あるいは社会的印象をよくするため、そのためだけの人たちのことです。この人たちは嘘の祈りをしているのです。このことを、イエスはきつく戒めておられます（マタイ6・5―6、ルカ9・14参照）。祈りのまことの魂を真摯に受け止め、心に住まわせるなら、まさに神の目で現実を見られるようになります。

祈りによって、すべてに「深み」が加わります。これは祈りの興味深い点です。何かかすかなことで始まるのでしょうが、祈りによって、まるで神がそれを手に取り、形を変えておられるかのように、深みを増し、重みを増すのです。神に対しても人に対しても、なしうる最悪の奉仕は、しぶしぶと惰性で祈ることです。オウムのように祈ることです。それはいけません。心を込めて祈りましょう。祈りは生きることの中心です。祈りがあれば、兄弟姉妹も、敵でさえも、大切な存在となるのです。初期キリスト教の修道士の古い格言に、こうあります。「神に次ぎ、すべての人を神のごとくに重んじる修道士は幸い」（ポントスのエヴァグリオス「祈りについての論考」：*De oratione* 123）。神をあがめる者は、神の子らを愛します。神を敬う者は、人を敬います。

ですから、祈りは人生の不安を和らげる鎮静剤とは違います。そうした祈りがあったとしても、それは決してキリスト者の祈りではありません。祈りはむしろ、わたしたちめいめいに責任を課します。そのことは、イエスが弟子たちにお教えになった

「主の祈り」によく表れています。

　詩編は、そのように祈る方法を学ぶのに優れた学びやです。これまで見てきたように、詩編には、必ずしも高尚で丁寧なことば遣いではなく、人生での傷がしばしば織り込まれています。それでも、詩編のすべての祈りが、きわめて私的で個人的な祈りさえも、最初にエルサレムの神殿で、そしてその後さまざまな会堂で用いられてきました。『カトリック教会のカテキズム』はそれを次のように表現しています。「詩編は表情豊かなものなので、神殿の典礼においても人間の心の中でも祈りとして用いることができます」(2588)。このように、個人の祈りは、第一にイスラエルの民の祈りから、そして教会の民の祈りから、くみ上げられ養われるのです。

個人のきわめて私的な思いや問題をつづる一人称単数主語の詩編も、あらゆる人によって、あらゆる人のために祈られるものとなった、共同の遺産なのです。キリスト者の祈りには、会堂と世界を一つに結ぶ「息吹」、心の「張り」があります。祈りは教会の身廊のほのかな光の中で始まりますが、その後、町を駆け抜けることになります。その逆も然《しか》りで、日常生活の中で生まれ、典礼において完成を見ます。教会堂の扉は壁ではなく、すべての人の叫びを聞き取る透過性のある「膜《まく》」なのです。

詩編の祈りには、必ずこの世が存在しています。たとえば詩編は、もっとも弱い人を救うという神の約束を語ります。「主はいわれます。虐げに苦しむ者と、うめいている貧しい者のために、今、わたしは立ち上がり、彼らがあえぎ望む救いを与えよう」（12・6）。また、世俗の富がもたらす危険を警告します。「人間は栄華のうちに悟りを得ることはない。ほふられる獣に等しい」（49・21）。またあるときには、歴史を見る神のまなざしへと視野を広げます。「主は国々の計らいを砕き、諸国の民の企てをくじかれる。主の企てはとこしえに立ち、み心の計らいは代々に続く」（33・10―11）。

つまり、神がおられるところには、人間もいるはずなのです。聖書ははっきりと言い切っています。「わたしたちが愛するのは、神がまずわたしたちを愛してくださったからです」。つねに、神がわたしたちに先んじているのです。神はいつだってわたしたちを待っていてくださいます。神がまず、わたしたちを愛してくださり、最初にわたしたちを見つめてくださり、最初にわたしたちを理解してくださっているからです。いつだって神はわたしたちを待っておられるのです。「『神を愛している』といいながら兄弟を憎む者がいれば、それは偽り者です。目に見える兄弟を愛さない者は、目に見えない神を愛することができません」。日に何度ロザリオの祈りをしても、人の悪口をいって、恨みを抱いていたり、だれかを憎んでいたりするのなら、それは見せかけのものであり、まことのものではありません。「神を愛する人は、兄弟をも愛すべきです」（一ヨハネ4・19―21）。これが、神から受けたおきてです。聖書は、神を心から求めながらも神に出会えない人がいることを認めていますが、その一方で、貧しい人の涙を拒んではならない、神と会うことができないから、ともいっています。一人ひとりに刻まれている神の姿を認めない人の「無神論」は、神にとって耐えがたいものです。つまり、神を信じていても、他者とは距離を取り、また他者を憎んでもいいと思っている、日常の無神論です。これは事実上の無神論です。人間を神にかたどられたものと認識しないことは、冒瀆であり、ゆゆしいことです。神殿と祭壇に対するもっともひどい侮辱なのです。

愛する兄弟姉妹の皆さん。詩編の祈りに助けられ、「不敬」の誘惑に陥らずにいられますように。不敬とは、神が存在しないかのように、そして貧しい人が存在しないかのようにして生きること、そしてそのように祈りさえするということです。

（二〇二〇年十月二十一日、パウロ六世ホールにて）

イエス――祈りの人

愛する兄弟姉妹の皆さん、おはようございます。

今日の謁見は、ここ最近の謁見同様、ここにとどまったまま行います。下に降りてあいさつしたいのは山々ですが、距離を置かねばなりません。わたしが降りていけば、あいさつしようとしてすぐ人だかりになってしまいます。それは、コロナという名の、わたしたちをひどい目に遭わせている、例の「ご婦人」（訳注：感染症も、コロナの語義である王冠も女性名詞）についての感染防止対策に反します。ですから、あいさつのために降りてはいきませんが、ご容赦ください。ここからのあいさつとなりますが、皆さんを心の中で抱きしめます。どうか皆さんも、心の中でわたしを抱きしめ、わたしのために祈ってください。離れていても、互いのためには祈れます。ご理解に感謝します。

祈りに関するこの連続講話は、旧約聖書を経て、今日イエスにたどり着きました。

イエスは祈っておられます。イエスの公生活は、ヨルダン川での洗礼から始まります。福音記者たちは一様に、この出来事を根本的に重要なものとして捉えています。記者らは、人々が祈り集ったさまを伝え、その集いには確かに悔い改めという性質があったと明らかにしています（マルコ1・15、マタイ3・8参照）。人々は洗礼を受け、罪のゆるしを得るためにヨハネのもとに向かいました。そこには、回心にある、悔い改めの特徴があります。

　ですからイエスが行う最初の公的なわざは、民の祈りの合唱に加わることでした。洗礼のために集まる人々の祈り、罪人であることを自覚した人々の、悔い改めの祈りです。だから洗礼者ヨハネは遮っていいます。「わたしこそ、あなたから洗礼を受けるべきなのに、あなたが、わたしのところへ来られたのですか」（マタイ3・14）。洗礼者ヨハネは、イエスがどなたであるかを知っているのです。しかしイエスは引き下がりません。その行為は御父のみ旨にかなうことであり（15節参照）、わたしたち人間の境遇に結ばれる行為だというのです。イエスは、神の民という罪人たちとともに祈られます。いいですか。イエスは正しいかたであり、罪人ではありません。それでもこのかたは、わたしたち罪人のもとに来ることを望まれ、わたしたちとともに祈っておられます。わたしたちが祈るとき、このかたはわたしたちとともにいて、祈っておられます。イエスは天にいて、わたしたちのために祈っておられるのですから、わたしたちとともにいてくださるのです。イエスはいつも、ご自分の民とともに祈っておられます。どんなときも、わたしたちとともに祈っておられます。必ずです。わたしたちは決して独りで祈っていることはありません。いつだってイエスとともに祈っているのです。対岸から、「わたしは正しい人、お前たちは罪人」と、ご自分と不従順な民との差、隔たりを見せつけるのではなく、ご自分の足を同じ清めの水に浸しておられます。ご自分を罪人と同じくなさいます。そしてそれこそが、へりくだり、ご自分を罪人と同じになさるかたである独り子を遣わされる、神の偉大さなのです。

イエスは、遠くかなたの神ではないですし、そうではいられないのです。そのことは、受肉によって完全な、そして人間には思いも及ばないかたちで明かされました。そうしてイエスは、公生活を始めるにあたって、悔い改める民の先頭に立たれます。まるで、ご自分に続き、わたしたち皆が勇気をもって通り抜けるための突破口を開くという役割を引き受けられるかのようです。その道のりは険しいものですが、それでも行く手を切り開きながら歩んでおられます。『カトリック教会のカテキズム』に示されているように、それこそが、時が満ちたことの新しさです。「それは、御父がご自分の子らに望んでおられた子どもとしての祈りであり、御ひとり子はその人性をもって、人々とともに、人々のためにこの祈りを唱え続けられるのです」(2599)。イエスはわたしたちとともに祈っておられます。このことをしっかり頭に入れ、胸に刻みましょう。イエスはわたしたちとともに祈っておられます。

ですからこの日、ヨルダン川の岸辺にいるのは、祈りへの言い尽くせぬほどの渇望をもった全人類です。ほかでもなく罪人の集まりです。自分は神に愛されていないと思っている人、神殿の門をくぐれずにいる人、自分にはその資格がないと祈れずにいる人の集まりです。イエスが来られたのはすべての人のためであり、そうした人々のためでもあります。そうして先頭に立ち、ご自分と人々とをまさに一つに結び始めるのです。

なかでもルカによる福音書は、イエスの洗礼での祈りの雰囲気に注目しています。「民衆が皆洗礼を受け、イエスも洗礼を受けて祈っておられると、天が開け（た）」(3・21)。祈ることで、イエスが天への扉を開くと、聖霊がその裂け目から降《くだ》って来ます。そして天から、すばらしい真理を告げる声が聞こえます。「あなたはわたしの愛する子、わたしの心にかなう者」(22節)。この短いことばには途方もない宝があります。それが、イエスの神秘と、つねに御父に向いたイエスの心とを、わたしたちに多少なりとも直感させてくれます。人生の荒波、いずれイエスを罪に定める世の逆風の中で、今後耐えねばならない過酷で悲痛な体験の中でも、枕するところすらないときでも（マタイ8・20参照）、憎悪や迫害に遭われたときでさえ、イエスは決して、逃れ場である住まいを失うことはありません。永遠に、御父のもとに住まわれておられるのです。

この箇所は、イエスの祈りの比類のない偉大さを物語っています。聖霊が姿を現し、御父の声が、イエスこそご自分の愛する子、心にかなう者であるとはっきり告げたのです。

ヨルダン川の岸辺でのイエスのこの祈りは、まぎれもなくイエス個人のもの――その地上での生涯もまたそうであるように――ですが、聖霊降臨に、恵みによって、キリストに結ばれるために洗礼を受けたすべての人の祈りとなります。イエスご自身が、このたまものをわたしたちのために勝ち取ってくださり、わたしが祈るように祈りなさいと招いておられます。

ですから夜の祈りのとき、疲弊やむなしさを覚えたなら、人生が無意味なものにしか思えなくなったなら、そのときこそ、イエスの祈りがわたしたちの祈りとなるよう願わなければなりません。「今日は祈れそうにない、どうしたらよいか分かりません。祈れません。祈る資格がない、わたしなんて……」。そんなときは、わたしたちのために祈ってほしいと、イエスに自分をゆだねなければなりません。そのときイエスは、御父を前に、わたしたちのために祈っておられます。イエスは執り成すかたです。わたしたちのために、御父に傷を示してくださいます。そのことを信頼してください。わたしたちを信頼しているならば、天から声が聞こえます。わたしたちの心の奥底からわき出る声よりも、ずっと力強い声です。優しくささやく声が聞こえてきます。「あなたは神の愛する子、あなたは天の御父の子ども、御父の喜び」。まさしくわたしたちのために、わたしたち一人ひとりのために、この御父のことばがこだまします。たとえすべての人から拒まれていても、最低の罪人であってもです。イエスは、ご自分のためではなく、わたしたち皆のためにヨルダン川に入られました。祈るために、ゆるしを請うために、悔い改めの洗礼を受けるためにヨルダン川に向かったのは、神のすべての民なのです。ある神学者が述べているように、この人たちは「裸の心と裸足で」ヨルダン川へ行きました。それが、へりくだりです。祈るためには、へりくだりが必要です。このかたが、モーセが紅海の水を分け開いたように天を開き、わたしたち全員がそのかたに続いて入れるようにしてくださったのです。イエスは、御父との愛の対話であるご自身の祈りを、わたしたちに与えてくださいました。わたしたちの心に根づきたいと望んでおられる聖三位の種として、ご自分の祈りを与えてくださいました。その種を受け取りましょう。この贈り物を、祈りの贈り物を受け取りましょう。つねにこのかたとともに。そうすれば、間違いありません。

（二〇二〇年十月二十八日、パウロ六世ホールにて）

イエス――祈りの師

愛する兄弟姉妹の皆さん、おはようございます。

残念ながらまた、謁見を書斎からせざるをえなくなりました。コロナウイルス感染拡大防止のためです。このパンデミックからわたしたちが身を守るためには、政府と保健当局双方の指示に従わなければならないことは、お分かりいただけるかと思います。皆のために、わたしたちの間の距離を主にささげましょう。また、大勢の患者のこと、すでに見捨てられた状態で入院する人々のことを考えましょう。医師、看護師、ボランティア、この瞬間も病者とともに闘っている大勢の人のことを考えましょう。彼らはいのち懸けで、ただ隣人愛から、天からの使命として尽くしています。彼らのために祈りましょう。

公生活の間、イエスはつねに祈りの力に訴えておられます。福音書は、イエスが祈るために人里離れたところに行かれることで、それを伝えています。それは、そうした祈りによる対話を想像させるだけの、簡潔で地味な描写です。とはいえ、そこではっきりと証言されているのは、イエスは貧しい人や病者のために必死に尽くしておられるときでさえ、御父との親しい対話をやめなかったということです。民の苦境に懸命に尽くせばそれだけ、三位一体の交わりのうちに憩う必要を、御父と聖霊のもとに立ち戻る必要を強く感じたのです。

このようにイエスの生涯には、人の目から隠された秘訣があり、それがあらゆることの軸となっています。イエスの祈りは神秘であり、わたしたちはその一部にしか通じることはできないものの、そこからイエスの使命全体を正しい視点で理解できるようになります。夜明けや夜更けの人けのない時間、イエスは御父との親しい交わりに、つまりすべての魂が渇き求めている愛にご自身を浸されます。これは、公生活の初めのときから顕著なことです。

たとえばある安息日に、カファルナウムの町は「野戦病院」と化します。日が沈むと、人々は病人たちをすべてイエスのもとに連れて行き、イエスはその人々をいやします。ところが翌朝早くまだ暗いうちに、イエスは姿を消します。人けのないところに行き、祈っておられるのです。シモンと仲間はイエスを探し回り、見つけるといいます。「みんなが捜しています」。イエスは何とお答えになったでしょうか。「近くのほかの町や村へ行こう。そのためにわたしは出て来たのである」（マルコ1・35—38参照）。イエスはつねに、少し先へ行っておられます。先に、御父との祈りに入られ、そして先へ、ほかの村、ほかの地平へと向かい、ほかの民への宣教に行かれるのです。

祈りは、イエスの進路を決める舵《かじ》です。イエスの宣教の行程を決めるのは、成功でも民意でもなく、「みんなが捜しています」という心地よいことばでもありません。イエスがたどるのは少しも楽ではない道で、イエスが独り祈っておられる中で聞き受け入れた、御父の発意に従うことなのです。

『カトリック教会のカテキズム』は、「イエスはご自分が祈ることによって、祈ることをすでにわたしたちに教えておられます」（2607）と述べています。ですからイエスの模範から、キリスト者の祈りのいくつかの特徴を知ることができます。

まず何よりも、それは最初に行われるものだということです。その日の最初の願いであり、夜明け、まだ世界が目覚める前に行われるものです。それなしには呼吸できないはずのものを魂に取り戻します。祈らずに過ごす一日は、落ち着かない、あるいはつまらないものとなってしまう危険があります。そうなると自分の身に起きるすべては、ただ耐えるしかない、わけの分からない宿命と化してしまうでしょう。その逆にイエスが教えるのは、現実を受け入れて、耳を澄ますことです。祈りとは、何よりも耳を澄ますこと、そして神と会うことです。それができれば、日々の問題は厄介事ではなく、むしろ、目の前にいる人々に聞きなさい、彼らと出会いなさいという、神ご自身からの呼びかけとなります。そうして人生の試練は、信仰と愛を深める機会となります。苦労も伴う日々の歩みは、「召命」という見地を獲得します。祈りには、人生における罰なのではないかと思えてしまうことを、善益へと変える力があります。祈りには、思考を広い地平へと開き、心をリラックスさせる力があるのです。

第二に、祈りは執拗に行われるものです。イエスご自身もいっておられます。門をたたきなさい、たたきなさい、たたき続けるのです、と。一時的な感情による単発の祈りなら、だれにでもできます。しかしイエスが教えておられるのは、その種の祈りではありません。心得を学び、訓練を重ねて、生活リズムの中に組み込まれた祈りです。根気よく続ける祈りは前向きな変化をもたらし、試練の中で力を授け、つねにわたしたちを愛し守ってくださるかたの支えという恵みを与えてくれます。

イエスの祈りのもう一つの特徴は、独り静かにするものだということです。祈る人は世から退くのではありませんが、人のいない場所を好みます。そうした静寂の中にあっては、内に秘めていた多くのことばが吹き出してきます。抑圧してきた欲求、押し殺してきた本音、などです。そして何より、静寂の中で神は語ってくださいます。

だれしも、内的生活を磨く場、行動の意義を再確認する機会が必要です。内的生活がなければ、うわべだけの人、心乱れた人、不安げな人になってしまいます。不安はどれほど害であることか。ですから、祈らなければなりません。内的生活がなければ、現実から目をそらし、自分自身からも逃げてしまいます。逃げ続ける人になってしまいます。

そして最後、イエスの祈りには、すべては神からもたらされ、神のもとへと戻るということをわたしたちに感じさせる効力があります。わたしたち人間は、自分たちが万物の支配者だと思い込んだかと思えば、反対に人間とは無価値なものだと考えたりと、極端に振れてしまいます。祈りは、御父である神との関係、そして、全被造物との関係の正しい捉え方を取り戻せるよう助けてくれます。イエスの祈りとは結局のところ、御父の手に自らをゆだねることなのです。「父よ、できることなら……、ですがみ心のままに」と、苦しみながらオリーブ山で祈ったイエスのようにです。御父の手にゆだねることです。動揺し、やや不安になってしまっても、聖霊が内面からわたしたちを変え、「お父さん、あなたのみ心が行われますように」といって御父のみ手にゆだねるよう導いてくれるものなのです。

愛する皆さん。福音書を通して、イエス・キリストが祈りの師であることを再確認し、イエスの学びやに通いましょう。必ずや、喜びと平和を見いだすでしょう。
（二〇二〇年十一月四日、教皇公邸書斎からのライブ配信）

根気強い祈り

愛する兄弟姉妹の皆さん、おはようございます。

祈りに関する講話を続けましょう。ある人からこんなふうにいわれました。「祈りについてずいぶん話していますが、必要ないですよ」。いいえ、必要です。祈らなければ、人生を進んでいく力をもてないからです。祈りは、生きるのに必要な酸素のようなものです。祈りは、つねにわたしたちを前へと導いてくれる聖霊の存在を、わたしたちのもとに引き寄せます。ですからわたしは、祈りについて何度も語るのです。

イエスは粘り強く続ける、たゆまぬ祈りの模範を示してくださいました。静かに一心に行う御父との途切れることのない対話は、イエスの使命全体のかなめです。福音書には、うむことなく熱心に祈るようにとの、弟子たちへのイエスの勧めが記されています。『カトリック教会のカテキズム』は、ルカ福音書の三つのたとえに言及し、こうしたイエスの祈りの特徴を強調しています（2613参照）。

祈りには、まずは執拗さがなければなりません。夜中に急に友人宅に来て戸をたたき、パンを分けてほしいと頼む、たとえ話の人物のようにです。友人は寝ていたので「断る」と答えますが、その人はしつこく、しつこく、起きてパンを渡してもらえるまで頼み込みます（ルカ11・5―8参照）。粘り強く頼みます。ですが、神はわたしたちよりもずっと辛抱強いかたです。信頼と忍耐をもってみ心の戸をたたく人ががっかりすることは決してありません。神は必ずこたえてくださいます。必ずです。わたしたちの父は、わたしたちの必要をよくご存じです。執拗さは、神に聞いてもらい、説得するのにではなく、わたしたちの内で、願いと待ち望む姿勢とを強くするのに必要なのです。

二つ目のたとえは、正義を求めて裁判官に助けを求めるやもめの話です。この裁判官は腐敗しており、良心の呵責《かしゃく》など感じない人でしたが、最後にはやもめのしつこさにうんざりして、彼女の意向にこたえることにします（ルカ18・1―8参照）。「やれやれ、問題を解決したほうがましだ、やもめから解放してもらわないと。いつまでも現れて不満をぶつけられてはたまらない」と考えたのです。このたとえが教えているのは、信仰とは衝動的感情ではなく、悪や不正義の前でもあきらめず、神と言い争うことさえいとわずに、神に懇願する揺るがぬ覚悟だということです。

三つ目のたとえは、神殿に祈りに行くファリサイ派の人と徴税人を描いたものです。前者は自分の功績を自慢しながら神に祈り、後者は自分には神殿に入る資格はないと思っています。ところが神は前者、つまりうぬぼれた人の祈りには耳を傾けずに、謙虚な人の祈りにおこたえになります（ルカ18・9―14参照）。謙虚な心がなければ、真の祈りとはいえません。祈り求めるようわたしたちを促すのは、まさに謙虚さなのです。

福音の教えは明瞭です。つねに祈らなければなりません。たとえすべてが空虚に思えても、また神の耳には届いていない、神は何も話してくださらない、時間の無駄だと感じたとしてもです。たとえ天が暗く陰っていても、キリスト者は祈るのをやめません。キリスト者の祈りは、その信仰と一致しています。人生には、信仰が幻想や不毛な苦労かに思える日々はたくさんあります。人生には闇に覆われるときがあり、そんなときは、信仰がただの幻想かに思えます。ですが祈るということは、そうした苦労を引き受けることでもあります。「神父様。祈ろうとは思っているのですが、何も感じないのです。乾いた心というか、心が干からびているみたいなのです」。それでもわたしたちは、つらく、心が麻痺しているときにも、その苦しみを背負って、進んでいかなければなりません。多くの聖人が、たたいても神がこたえてくださらない、そうした信仰の暗夜や神の沈黙を味わってきました。彼ら聖人たちは、辛抱強かったのです。

そうした信仰の暗夜に祈る人は、決して独りではありません。イエスは祈りのあかし人にして師であるばかりか、それ以上のかたです。わたしたちをご自分の祈りの中に迎えてくださるので、わたしたちはイエスにおいて、イエスを通して祈ることができるのです。そしてこれが、聖霊のわざです。だから福音は、イエスの名のもとに御父に祈るよう、わたしたちを招いているのです。聖ヨハネは主のそうしたことばを伝えています。「わたしの名によって願うことは、何でもかなえてあげよう。こうして、父は子によって栄光をお受けになる」（ヨハネ14・13）。『カトリック教会のカテキズム』も、「わたしたちの祈りが聞き入れられるという確信は、……イエスの祈りに基づくものです」（2614）と説いています。そうして、人間の祈りがつねに求めている、翼の下に置かれるのです。

ここで詩編91も忘れてはなりません。すべてを神に願う心からわき出る、深い信頼のことばです。「神は羽をもってあなたを覆い、翼の下にかばってくださる。神のまことは大盾《おおだて》、小盾《こだて》。夜、脅かすものをも、昼、飛んで来る矢をも、恐れることはない。暗黒の中を行く疫病も、真昼に襲う病魔も」（4―6）。このすばらしい祈りは、キリストにおいてかないます。キリストに、その真の充満を見るのです。イエスなしでは、わたしたちの祈りは劣化して、ほとんどがうまくいかない、ただの人間の努力となってしまいます。ですがイエスは、叫びの一つ一つを、うめきの一つ一つを、それぞれの歓喜を、それぞれの懇願を、……人間の祈り一つ一つを、ご自分のものとしてくださいます。さらに、わたしたちの内で祈っておられる聖霊のことも忘れてはなりません。わたしたちを祈りへと導き、イエスへと導いてくださるかたこそ聖霊です。聖霊は、神との出会いに向かうよう、御父と御子が与えてくださったたまものです。ですから聖霊は、わたしたちが祈るとき、わたしたちの心の内で祈っておられるかたなのです。

わたしたちにとってはキリストがすべてですが、祈りの生活においてもそれは同じです。聖アウグスティヌスは、そのことをみごとな表現で伝えており、それは『カトリック教会のカテキズム』にも引用されています。「主がわたしたちのために祈られるのは、わたしたちの祭司としてであり、わたしたちのうちにあって祈られるのは、わたしたちの頭《かしら》としてです。また、わたしたちがキリストに向かって祈るのは、主がわたしたちの神だからです。したがって、主がなさる祈りの中にわたしたちの声があり、わたしたちの祈りの中に主の声があることを認めましょう」(2616)。祈るキリスト者が何も恐れはしないのは、このためです。たまものとして授けられたかた、わたしたちの内で祈っておられ、祈りへと導いてくださるかた、聖霊に信頼しているのです。祈りの師である聖霊が、祈りの道を教えてくださいますように。

（二〇二〇年十一月十一日、教皇公邸書斎からのライブ配信）

おとめマリア――祈りの人

愛する兄弟姉妹の皆さん、おはようございます。

祈りについての講話を続けていますが、今日は、祈りの人、おとめマリアを迎えます。聖母マリアは祈ったかたです。世界がまだマリアを知る前も、ダビデ家のヨセフと婚約した娘のころも、マリアは祈りの人です。ただ一心に、始終神と対話するナザレの娘の姿が思い浮かびます。ほどなくマリアに使命をお与えになる、神との対話です。マリアは母胎に宿ったときから恵みに満ち、原罪による汚れからすでに免れていましたが、驚くべき途方もない自身の召命のことも、乗り出さなければならない荒波のことも、何も知らずにいます。一つ確かなことは、マリアは、公式な歴史書に載ることはないものの、御子の到来に備えて神が用いた、謙虚な心をもつ大勢の人のうちの一人だということです。

マリアは、人生を自分の意のままにはしません。神が道をお決めになり、お望みの場所に導いてくださることを待っています。素直な心をもち、いつでも役立とうという姿勢で、神がこの世に加わるという重大な出来事を整えるのです。『カトリック教会のカテキズム』は、御父のいつくしみ深い計画に、またイエスの生涯を通して、一貫して気遣うマリアの姿を伝えています（2617―2618参照）。

大天使ガブリエルがナザレでマリアにお告げを知らせに来たとき、マリアは祈っていました。短くも深いマリアのことば、「はい、わたしはここにおります（お使いください）」――これはその瞬間に全被造物を喜びで躍らせ、神のみ旨に対しての、マリアに続く多くの人の「はい、ここにおります」に、信頼ある多くの従順に、役立とうとする気概に引き継がれるのです。マリアのように開かれた姿勢で、神に開いた心でいること以上に、よい祈り方はありません。「主よ、あなたが望まれることが、あなたの望まれるときに、お望みの方法で行われますように」と。これこそが、み旨に開かれた心です。そして神は必ずこたえてくださいます。このように祈るキリスト者がどれほどたくさんいることでしょう。謙虚な心をもつ人は、芯から謙虚に、いわば謙虚一色で、こう祈ります。「主よ、あなたが望まれることが、あなたの望まれるときに、お望みの方法で行われますように」。このように祈れば、日々が問題だらけだからといって憤ることはありません。むしろ現実に向き合い、謙虚な愛、それぞれの場で与えられる愛をもって、自分が神の恵みの道具になっていることを自覚するようになります。主よ、あなたが望まれることが、あなたの望まれるときに、お望みの方法で行われますように。シンプルな祈りですが、主のみ手に自らの人生をゆだねるという祈りです。主こそが、わたしたちを導くかたでいてくださいますように――と。わたしたちは皆、ことばにしないまでも、このように祈っているはずです。

祈りは、落ち着きのなさを鎮めてくれます。わたしたちは不安で、必要になる前に、いつも欲しがっています。今すぐに欲しいのです。こうした落ち着きのなさは、わたしたちに害を及ぼします。そして、祈りは落ち着かない心を鎮めることができ、その心を備えの心に変えてくれます。落ち着かないときにわたしは祈りますが、祈りはわたしの心を開き、み旨を受け入れられるようになります。おとめマリアは、あの受胎告知の一瞬のうちに、「はい」と答えればつらい試練に遭うことを予感しながらも、恐れを退けることができました。祈ることで、神から与えられた一日一日は招きであると悟れたなら、心を開いて、すべてを受け入れられるようになります。こういえるようになるのです。「主よ、お望みどおりになさってください。ただ、わたしの道の一歩一歩にあなたがいてくださることは、お約束なさってください」。わたしたちの旅路の一歩ごとにいてくださいと主に求めること、わたしたちを独りにしないでくだ

う」とはいわれません。そうではなく、つねにイエスを指し示しながら、「イエスがいわれるとおりにしなさい」といわれます。この姿勢は弟子ならではのもの、マリアは最初の弟子なのです。母として祈り、弟子として祈っておられるのです。
「マリアはこれらの出来事をすべて心に納めて、思い巡らしていた」（ルカ2・19）。福音記者ルカは、主の幼少期に関する福音で、その母についてこう描いています。周囲で起きたことはすべて、マリアの心の奥で思い巡らされることになったのです。喜びに満ちた日も、主のあがないが過ぎ越さなければならない道の受け入れがたさに苦しむ闇に覆われたようなときも、すべてをです。すべてを心に納めていたのは、それを祈りのふるいにかけて変えるためです。占星術の学者から贈られた宝も、エジプトへの避難も、そしてあの恐ろしい受難の金曜日までも。聖母は何でも大事にし、そのすべてを神との対話の題材としました。マリアの心を、比類のない輝きを放つ真珠にたとえる人がいます。祈りによって黙想されたイエスの神秘に貫かれ、神の意向を根気強く受け入れることで形成され、磨かれた真珠です。わたしたちも、少しでも聖母の姿に近づくことができるなら、どんなによいでしょう。みことばに開かれた心、静かな心、従順な心、みことばを受け入れ、教会の善の種としてそれが芽吹くようにする心をもつのです。

（二〇二〇年十一月十八日、教皇公邸書斎からのライブ配信）

初代教会の祈り

愛する兄弟姉妹の皆さん、おはようございます。

世における教会の最初の歩みには、祈りが散りばめられています。使徒の書簡や使徒言行録という壮大な物語は、旅する教会、動いている教会、とはいっても、宣教活動の基盤と原動力を祈りの集いから得ている教会の姿を取り戻させてくれます。エルサレムの初期共同体の姿は、他のすべてのキリスト教的経験を判断する基準です。ルカは使徒言行録にこう記しています。「彼らは、使徒の教え、相互の交わり、パンを裂くこと、祈ることに熱心であった」（2・42）。共同体はどんなときにも祈り続けました。

ここから、教会生活に欠かせない四つの特徴を知ることができます。使徒の教えを聞くこと、これが第一で、第二に相互の交わりを大事に保つこと、第三にパンを裂くこと、そして第四に祈ることです。教会は、キリストと固く結ばれている、つまり交わり、みことば、感謝の祭儀（エウカリスチア）、そして祈りにおいて結ばれていれば、存在する意味がある、この四つはそのことを伝えています。それはわたしたちがキリストと結ばれる方法です。教話とカテケージスは、師なるキリストのことばと行いをあかししています。兄弟姉妹の交わりをつねに求めていれば、利己主義や排他主義に陥ることはありません。パンを裂くことは、わたしたちのただ中にあるイエスの現存の秘跡の実現です。イエスがおられなくなることは決してなく、エウカリスチアにはイエスご自身がおられます。イエスは生きておられ、わたしたちとともに歩んでおられます。そして最後は祈りです。聖霊のうちに、キリストを通して、御父と対話する場です。

教会の中にあっても、これらの間の「連携」が働いていないものは、どれも土台を欠いています。状況を見極めるには、その状況の中でこの四つがいかに連携しているかを振り返る必要があります。教えを説くこと、兄弟姉妹の交わり――愛のわざ――を不断に求めること、パンを裂くこと――つまりミサにあずかる生活――、そして祈りです。どんな状況も、この四つの連携に照らして評価されるべきです。この連携が取られていなければ、教会のものとはいえません。教会的ではありません。教会を作られるのは神であって、どたばたの作業によってではありません。教会は市場ではありません。新事業に着手するビジネスマンの集団ではありません。教会は、イエスがわたしたちに集まるようにと送ってくださった聖霊のわざです。教会とは、キリスト教共同体において、共同体生活において、感謝の祭儀において、祈りにおいて、つねに、働いておられる聖霊のわざにほかなりません。ですからその連携なしに出てくるものは、どれも土台を欠いたものです。砂の上に建てられた家のようなものです（マタイ7・24―27参照）。教会をお作りになるのは神であって、どたばたの作業によってではありません。わたしたちの努力に意味を与えてくださるのは、イエスのことばです。謙虚さのうちにこそ、この世界の未来は築かれるのです。

まるで政党のように、集まることで教会を作っているのだと考えて、善意がありながらも道を誤る共同体を見ることがあると、とても悲しくなります。主流派だ、少数派だ、こちらはこう考え、あちらはこう考え、その他は……と。「これこそシノドスのようなもの、わたしたちが取るべきシノドス流の道だ」といわんばかりに。考えてしまいます。聖霊はどこにおられますか、祈りはどこにいったのですか、共同体の愛はどうしましたか、感謝の祭儀はどこへいきましたか、と。この四つの連携がなければ、教会は人間の集まりになってしまい、多数党や少数党といった政党と化し、多数派か少数派かによって、企業のように左右されてしまいます。そこに聖霊はおられません。聖霊がおられるかどうかは、まさにこの四つが連携しているかどうかにかかっているのです。現状が教会にかなうものであるかを判断するには、これら四つの連携があるかどうかを問うことです。共同体生活、祈り、感謝の祭儀……（そして教話です）。この四つの連携をもって、どのように成長してきたかを振り返るのです。連携がなければ、聖霊はおられません。聖霊がおられなければ、優れた人道支援団体、立派なすばらしい慈善団体になったとしても、いうなれば教会党にはなりえたとしても、そこに教会はありません。ですから教会には、そうしたことによる拡大はありません。企業のように強引な勧誘で成長するのではなく、魅力によって成長していきます。だれがその魅力を生み出すのでしょう。聖霊です。ベネディクト十六世のことばを忘れないようにしましょう。「教会は強引な勧誘で成長するのではありません。人を引き寄せる力によって大きくなるのです」（訳注：「ブラジル、聖地アパレシーダでの第五回ラテンアメリカ・カリブ司教協議会総会開会ミサ説教（二〇〇七年五月十三日）」。教皇フランシスコ使徒的勧告『福音の喜び』14に引用されている）。もし、イエスへと引き寄せてくださるかたである聖霊がおられなければ、そこに教会はありません。善意の、すばらしい、仲間の立派なクラブはあっても、教会はなく、シノダリティはありません。

使徒言行録を読むと、祈りの集いがいかに福音宣教の強い原動力になっていたか、その集いの参加者はイエスの現存を生で味わい、聖霊に触れていたかが分かります。ずっと変わらず、今日も事実であることですが、イエスとの出会いの物語はイエスの昇天で終わるのではなく、自分の人生に続いていくということを、初代教会の信者は実感していました。主のことばと行いを伝え――みことばに耳を傾け――、主と交わるために祈ることで、すべてが生きたものとなります。祈りは、光と熱を呼び覚まします。聖霊のたまものが、人々に熱意を生み出すのです。

これについて『カトリック教会のカテキズム』は、とても内容の濃い説明をしています。「祈る教会にキリストのことを思い出させてくださる聖霊が、教会をすべての真理に導き、教会生活や秘跡、また宣教活動の中で働いておられるキリストのはかりしれない神秘を表す、新たな祈りを生み出させてくださいます」(2625)。イエスを思い出させてくれる、これこそが教会における聖霊のわざです。イエスご自身がそういわれたように、このかたが皆さんに教え、思い出させてくださるのです。使命は、イエスを思い出すことです。ただし、記憶力うんぬんではありません。キリスト者は使命の道を歩みつつ、イエスを思い起こすことでそこに再び現存させ、そうしてイエスから、その霊から、出向いて行き、告げ知らせ、仕えるための「後押し」を得るのです。キリスト者は祈りを通して、一人ひとりを愛しておられる神、すべての人に福音が説かれるのを望んでおられる神の神秘に浸ります。神は、すべての人の神です。イエスにおいて、すべての隔ての壁は完全に取り壊されました。聖パウロが語っているように、イエスはわたしたちの平和、つまり「二つのものを一つに（された）」（エフェソ2・14）かたです。イエスは一致をもたらしてくださったのです。

このように初代教会の生活は、祭儀、集会、共同体でのものも私的なものもある祈りの時間、それらの不断の連なりでした。そして旅に出る伝道師、イエスへの愛から海に漕ぎ出し、危険に身をさらし、辱めを引き受けた伝道師らに、力を授けたかたこそ聖霊なのです。

神は愛をお与えくださり、愛を求めておられます。このことがまさに、信者の生活全体にわたる神秘的な根幹です。祈りに熱心な初期キリスト者、そして何世紀も経た現代のわたしたちも、皆が同じ体験をしています。聖霊が、あらゆるものを力づけておられるのです。祈りに時間を割くことをいとわないキリスト者は皆、使徒パウロのこのことばを自らのものとしているのでしょう。「わたしが今、肉において生きているのは、わたしを愛し、わたしのために身を献げられた神の子に対する信仰によるものです」（ガラテヤ2・20）。祈りは、そのことに気づかせてくれます。礼拝となる沈黙をもってのみ、このことばの真理のすべてを体感するのです。礼拝する感覚を取り戻さなければなりません。礼拝すること、神をあがめ、イエスをあがめ、聖霊をあがめることです。礼拝するのは、御父と御子と聖霊です。沈黙のうちに。礼拝となる祈りは、神が全歴史の始まりであり終わりであることを思い出させてくれます。そしてその祈りは、あかしと宣教を力づける、聖霊の熱い炎なのです。

（二〇二〇年十一月二十五日、教皇公邸書斎からのライブ配信）

祝福

愛する兄弟姉妹の皆さん、おはようございます。

今日は祈りの本質的側面に焦点を当てます。祝福についてです。祈りについての講話を続けています。神は、天地創造の物語（創世記1～2章参照）の中で、いのちを祝福し続けられます。生き物を祝福し（1・22参照）、男と女を祝福し（1・28参照）、そして最後に、すべての創造後の休息と喜びの日である安息日を祝福されます（2・3参照）。祝福してくださるのは神です。聖書の冒頭は、祝福の繰り返しです。神による祝福、そしてまた人間による祝福ですが、祝福には、それを受けた人に生涯ついて回り、神に変えていただこうという心構えにする、特別な力があることがすぐ明らかになります（第二バチカン公会議『典礼憲章』61参照）。

このように世界の始まりには、「べーネ」（訳注：イタリア語 bene［よし］）と「ディーチェ」（訳注：イタリア語 dire［ことばを発する］の三人称単数形）、つまり「祝福《ベネディーチェ》」（訳注：

benedice は benedire［祝福する］の三人称単数形）するかた、よしといわれる神がおられるのです。ご自分の手でお造りになった一つ一つを、よいもので、すばらしいものだと認め、人間へと至り創造のわざを終えると、それを「きわめてよかった」（1・31）と言明なさいます。神がご自分の作品に刻まれた美はその後間もなく変質し、人間は悪と死を世界にまき散らすまでに落ちぶれた被造物となってしまいます。しかし、何によっても神の最初の刻印を消すことはできません。それは、世界に、人間の本性に、わたしたちすべての中に神が置いてくださった善の刻印、すなわち祝福する力であり祝福されているという事実です。神には、天地の創造においても、人間の創造においても、決して間違いはありません。世界の希望は、完全に神の祝福の中にあります。神は、わたしたちに幸福《ベーネ》を願い続けておられます。詩人シャルル・ペギーがいうように、わたしたちがよし《ベーネ》であるよう願い続けておられるいちばんのかたは、神なのです（*Le porche du mystère de la deuxième vertu*, prima ed. 1911［猿渡重達訳、『希望の讃歌――第二徳の秘義の大門』中央出版社、一九七八年］）。

神の大いなる祝福はイエス・キリストであり、神からの偉大な贈り物は御子です。このかたは全人類への祝福であり、わたしたちすべてを救ってくださった祝福です。イエスは、「わたしたちがまだ罪人であったとき」（ローマ5・8）、御父がわたしたちを祝福してくださるために用いた永遠のみことばです。聖パウロのことばにあるように、みことばは人となられ、わたしたちのために十字架につけられました。

聖パウロは、神の愛の計画を熱く語っています。「わたしたちの主イエス・キリストの父である神は、ほめたたえられますように。神は、わたしたちをキリストにおいて、天のあらゆる霊的な祝福で満たしてくださいました。天地創造の前に、神はわたしたちを愛して、ご自分の前で聖なる者、汚れのない者にしようと、キリストにおいてお選びになりました。イエス・キリストによって神の子にしようと、み心のままに前もってお定めになったのです。神がその愛する御子によって与えてくださった輝かしい恵みを、わたしたちがたたえるためです」（エフェソ1・3—6）。わたしたち一人ひとりの中におられるキリストの姿を抹消しうる罪などありません。どんな罪も、神がわたしたちに与えてくださった、あの姿を消すことはできません。その姿を傷つけうることはあっても、神のいつくしみからキリストの姿を取り除くことはできません。罪人は長い間過ちにとどまるものですが、神は、その人の心が最後には開かれ変わるのを、期待をもってひたすら辛抱強く待っておられます。神は心優しい父親のようであり母親のようです。優しい母親のようでもあるのです。親は、自分の子を愛することを決してやめたりしませんし、たとえその子が過ちを犯そうとも、それは変わりません。刑務所の入り口に並ぶ人々の姿が胸に去来します。多くの母親が、受刑者となったわが子に会うために並んでいるのです。母親は自分の子を愛するのをやめません。通り過ぎるバスの乗客から、「あの人は受刑者の母親だな」と思われると分かっていたとしてもです。それを恥じないどころか、いえ、恥ずかしいとしても、それでもやめません。自分の羞恥心よりもわが子のほうがずっと大切なのです。同じように、神にとってわたしたちは、わたしたちが犯すどんな罪よりも大切です。神は父であり、母であり、ただただ愛であり、終わりなくわたしたちを祝福してくださるからです。わたしたちを祝福することを決してやめたりはなさいません。

刑務所や社会復帰を目指すグループで祝福を描いた聖書箇所を読むことは、励まされる経験となります。その経験は、重い罪を犯してはいても祝福のもとにある人々に、天の御父はなおも、彼らの幸福《ベーネ》を願い、彼らがきっと善《ベーネ》に開かれると期待し続けておられると感じさせてくれます。身近な家族すら立ち直りをあきらめ、見放したとしても、彼らは、神にとっては変わらず愛する子どもなのです。神は決して、わたしたちにある子の姿を消したりしません。時には、人が生まれ変わる奇跡が目撃されることもあります。子であるしるしとして油注がれたその祝福に気づけたからです。神の恵みが生き方を変えるからです。神はわたしたちをそのままの姿で受け入れてくださいいますが、そのままに捨て置くことはなさらないのです。

たとえば、イエスがどのようにザアカイに接したか考えてみましょう（ルカ19・1―10参照）。だれもが彼の中に過ちを見ていましたが、イエスはむしろ善の兆しを見抜き、そのことに、イエスを見たいという好奇心に、救いのいつくしみを注ぎ入れます。それによってザアカイは、まず心を、そして生き方を変えます。拒絶され、締め出された人の中に、イエスは、御父からの決して消えることのない祝福を見いだしていました。ザアカイはだれもが認める罪人で、それまで数々のひどいことをしてきた人物ですが、イエスは、御父の消えない祝福と、そこにある神のあわれみを見いだされたのです。福音には「あわれに思う」というフレーズが何度も登場しますが、そのあわれみに動かされて、イエスはその人を助け、回心させてくださいます。そのうえ、困っている人とご自分とを同じ者となさいました（マタイ25・31―46参照）。わたしたち皆が裁かれる最後の「手続き」について記した箇所、マタイ福音書の25章でイエスは、「わたしが飢えていた、わたしが裸であった、わたしが牢《ろう》にいた、わたしが病気であった、わたしが……」といっておられます。

祝福してくださる神に、わたしたちもまた祝福をもってこたえます。神が祝福のしかたを教えてくださったのですから、わたしたちは祝福しなければなりません。それは、賛美の祈りであり、礼拝となる祈りであり、感謝の祈りです。『カトリック教会のカテキズム』には次のように記されています。「祝福の祈りは神の恵みに対する人間の応答です。神が祝福してくださるので、それに答えて、人間の心はすべての祝福の源であるかたを祝福することができるのです」(2626)。祈りは、喜びであり感謝です。神は、わたしたちが回心するのを待ってから、わたしたちを愛し始めたのではなく、そのずっと前から、わたしたちがまだ罪の内にあるときから、愛してくださっているのです。

祝福してくださるその神を祝福するだけでは十分ではありません。神において、すべてのものを、すべての人を祝福しなければなりません。神を祝福し、兄弟姉妹を祝福し、世界を祝福するのです。それこそが、キリスト教がいう柔和さの原点です。祝福されていると感じ取る力、そして祝福する力です。わたしたち皆がそのようにできていたなら、間違いなく戦争は起きないでしょう。この世界には祝福が必要です。そしてわたしたちは、祝福を与えることができ、また受けることができるのです。御父はわたしたちを愛しておられます。ですからわたしたちにはただ、神を賛美する喜びが、神に感謝する喜びが、そして呪《のろ》うのではなく祝福することを神から学ぶ喜びがあるだけです。ここで、人をこき下ろすのに慣れてしまった人、汚いことば、ののしりのことばを始終口にし、心にもため込んでいる人に、一言だけ申し上げます。それぞれ、自分にもそうした悪態をつく癖がないか、自らを省みてください。さあ、その癖を直す恵みを主に願い求めてください。わたしたちには祝福された心があり、祝福された心は呪いのことばは吐けないはずです。決して呪わずにむしろ祝福することを、主が教えてくださいますように。

（二〇二〇年十二月二日、教皇公邸書斎からのライブ配信）

懇願の祈り

愛する兄弟姉妹の皆さん、おはようございます。

祈りについて、引き続き考えていきましょう。キリスト者の祈りは、どこまでも人間的です。わたしたちは人間として、自分たちがそうであるところの者として祈ります。ですからその祈りには賛美と嘆願があります。事実、イエスは弟子たちに祈り方を教える際に、わたしたちが神と親子の信頼関係をもって願いをすべて神に伝えられるよう、「わたしたちの父よ」と呼びかける主の祈りをもって、それを教えてくださいました。わたしたちは崇高な恵みを神に願い求めます。人々の間で神の名が聖とされること、主の治める国が実現すること、この世についての善を願うみ心がかなうことを願います。『カトリック教会のカテキズム』は、「願いには順位があって、まず神の国を、次いで、神の国を受け入れ、その到来に協力するために必要なものを願います」(2632)と言及しています。ただ「主の祈り」では、「日ごとの糧」といった、もっと卑近な恵み、日常の恵みも求めています。日ごとの糧には、健康、家、仕事、日常のあらゆるもの、さらにはキリストのうちに生きるのに必要だという意味でエウカリスチア（感謝の祭儀／聖体）が含まれています。同じく日々のことがらである、罪のゆるしも願っています。わたしたちはつねにゆるしを必要としています。そこからの、わたしたちの関係の平和も願っています。最後に、誘惑に陥るわたしたちを助け、悪から救ってほしいと願っています。

呼び求め、請い願う――、実に人間らしいことです。『カトリック教会のカテキズム』を確認してみましょう。「わたしたちは懇願の祈りによって、神との関係について抱いている意識を表明します。わたしたちは被造物であって、自分自身の力で存在し始めたわけでもなく、逆境を克服できる力もなく、自分自身の究極の目的でもありません。そのうえ、罪人であって、キリスト者として、自分自身が御父から離れていることを知っています。懇願をするということは、すでに御父への復帰の第一歩なのです」（2629）。

ひどいことをしてしまった、自分は罪人だと後悔し、主の祈りを祈るならば、その人はすでに主のそばに歩を進めています。わたしたちは、別に何も必要ない、自分だけで大丈夫、自分の力だけで生きていけると思ってしまうこともあります。ありがちなことです。しかし、そうした錯覚は、遅かれ早かれ崩れ去ります。人間とは呼び求める存在で、時にそれは叫びとなりますが、多くは押し殺されています。詩編が歌うように、魂は乾ききった大地になぞらえられます（詩編63・2参照）。だれしも、人生のどこかで、憂いや孤独に襲われます。聖書は、病や不正義、友の裏切り、敵の脅威から逃れられない人間の境遇を赤裸々に語ります。すべてが瓦解し、それまでの人生が無駄であったかと思えることも少なくありません。どうにもならないと思えるその状態で、そこから抜け出る方法はただ一つしかありません。叫ぶのです。「主よ、どうか助けてください」と祈るのです。祈りは、漆黒の闇を切り開き、一筋の光をもたらします。「主よ、どうか助けてください」。この祈りが活路となって道が開けるのです。

わたしたち人間は、この嘆願を全被造物とともにしています。この果てしない宇宙の中で「祈っている」のは、わたしたちだけではありません。どの被造物にも、神への希求が埋め込まれています。それを聖パウロは次のように表現しています。「被造物がすべて今日まで、ともにうめき、ともに産みの苦しみを味わっていることを、わたしたちは知っています。被造物だけでなく、〝霊〟の初穂をいただいているわたしたちも、……心の中でうめ（いていますす）」（ローマ8・22—23）。わたしたちの間には、被造物のありとあらゆるうめき声が響き渡っているのです。木々、岩々、動物……。それぞれが、完成を待ちわびています。テルトゥリアヌスはこう記しています。「すべての被造物も祈り、家畜や野獣も膝《ひざ》をかがめ、小屋や洞窟から出てくるときは、声も出さずに天を仰ぐのではなく、それぞれのしぐさで息を震わせている。鳥も朝目覚めると、天に向かって高く飛び、手の代わりに翼を十字に広げ、祈っているかのように鳴くのである」（「祈りについて」29：*De oratione*［『毎日の読書 第二巻』、一九九〇年、六二頁］）。これは、聖パウロのいう「全被造物がうめき、祈っている」ことを解説した詩的な表現です。ですが自覚をもって祈り、御父に向かっていると認識し、御父と対話するのは、わたしたちだけなのです。

ですから、祈りへと駆り立てられても、ふがいないと思う必要はありません。恥ではありません。困っているときにこそ、呼び求めてください。イエスは、主人から会計報告を迫られた不正な管理人のたとえの中で、「物乞いをするのも恥ずかしい」という言い回しを用いています。わたしたちの多くは、これと同じ感覚に陥っています。呼び求めること、助けてほしいと頼むこと、だれかに何かをしてほしい、手を貸してほしいと頼むことは恥だと考え、さらには、神に求めることさえも恥だと思っていま す。「主よ、わたしにはこれが必要なのです」、「主よ、わたしは困っているのです」、それは、父である神に対する心の叫びです。そして、満足しているときにも、同じようにすることを覚えなければなりません。わたしたちに与えてくださったすべてを神に感謝し、何ごとも当然だと思ったり、自分の功績に対する褒美だと考えたりしないことです。すべては恵みなのです。主はいつだって、わたしたちに与えておられます。必ずです。ですからすべてが恵みです。すべて、神からの恵みなのです。それでも、自然にわき出る嘆願の思いを押し殺してはなりません。懇願の祈りは、自分たちには限界があること、自分たちは被造物であることを受け入れることに重なります。神を信じられなくなることはありうるとしても、祈りにすがらなくなるのは、まずないことです。祈りは自然にあるものです。叫びとして、わたしたちの前に現れます。だれもが、この内なる声と向き合わなければならないのです。長らく沈黙していたとしても、ある日目覚めて叫びだす声です。

兄弟姉妹の皆さん。わたしたちは、神がこたえてくださることを知っています。詩編には、祈りをもって嘆きを叫び、聞き入れられなかった人は登場しません。神は必ずこたえてくださいます。今日になるか明日になるかは分かりませんが、必ず、何らかのかたちでこたえてくださいます。神は必ずおこたえになります。聖書はそれを、何度も繰り返し伝えます。神は、ご自分に懇願する人の叫びを聞いてくださるのです。わたしたちの心の奥深くにずっとあり、ぽつりぽつりと表明される願い、恥ずかしくて口にしにくい願いにも、御父は耳を傾けてくださり、わたしたちに聖霊を注ごうと思っておられます。一つ一つの祈りを力づけ、一つ一つを変えてくださる聖霊です。問題は待てるかどうか、とにもかくにも、くじけず待ち続けられるかにかかっていす。今は待降節で、降誕祭を待つ特別の季節です。わたしたちは待っています。一目瞭然です。ただわたしたちの生涯もまた、待つときなのです。そして祈りもまた、つねに待つものです。主はこえてくださると分かっているからです。キリスト者が祈ると、死さえもが身震いします。祈る人一人ひとりに、死よりも強いかたが伴っていることを、死は知っているからです。復活された主です。死は、キリストにおいてすでに打ち破られており、すべてが終わる日には、わたしたちの人生や幸せが、死に翻弄されることはなくなるのです。

主を待つことを習い覚えましょう。主はわたしたちのもとに来られます。クリスマスやイースターのような大きな祭日だけではありません。わたしたちが待っているならば、主は毎日、わたしたちの心の奥に来てくださいます。主がそばにおられること、心の扉をたたいておられることに気づかず、主を去らせてしまうことが幾度もあります。「神が通られるときは不安だ。神が通られても気づかないのではないかと不安だ」、そう聖アウグスティヌスはいっています。主はお通りになり、主は来てくださり、主は戸をたたかれます。でもあなたの耳が他の雑音でふさがれていたら、主の呼びかけは聞こえません。

兄弟姉妹の皆さん。待つことです。それこそが祈りです。

（二〇二〇年十二月九日、教皇公邸書斎からのライブ配信）

執り成しの祈り

愛する兄弟姉妹の皆さん、おはようございます。

祈る人は、決して世に背を向けません。祈りに、人間の喜び、悲しみ、希望、不安が込められていなければ、それは「飾りつける」行為で、芝居がかったうわべだけのポーズ、独りよがりなことでしかありません。わたしたちは皆、内的生活が必要です。神とのかかわりのためだけの空間と時間が必要なのです。しかしそれは、現実逃避ではありません。神は祈りの中で、皆の飢えのために、「わたしたちを取り、祝福し、わたしたちを裂いて、わたしたちに与えられます」。キリスト者それぞれが、神のみ手を通して、裂かれて分かち合われるパンになるよう招かれています。それこそが、逃避ではない、実のある祈りです。

ですから、祈る人は孤独と沈黙を求めます。邪魔されたくないからではなく、神の声をもっとよく聞きたいからです。時にはイエスが勧めておられるように、奥まった自分の部屋に入って、世間と距離を取ります（マタイ6・6参照）。しかし祈る人は、どこにいようとも、つねに心の扉を広く開いたままにしています。祈りとは知らずに祈る人のために、まったく祈らないながらも、押し殺した叫び、秘めた呼び求める声を抱いている人のために、誤って道を踏み外した人のためになどです。祈る人の心の扉をたたく人は、そこに、だれをも対象外にせず祈る、あわれみ深い心を見るでしょう。祈りは、わたしたちの心であり声です。また、祈りを知らない人、祈らない人、祈りたくない人、祈れない人、そうした多くの人の心と声になります。わたしたちは、執り成し手として、それらをイエスのもとに、御父のもとに届ける、そうした人々の心であり声なのです。祈るために、長い時間であろうと、ほんのわずかであろうと、独りになって祈る人は、いっさいを神において見いだすために、そのいっさいから身を離すのです。ですから祈る人は、その肩に数々の痛みと罪を担いつつ、全世界のために祈るのです。すべての人のために、一人ひとりのために祈るのです。まるで、この世に設置された神の「アンテナ」のようにです。祈る人は、扉をたたく貧しい一人ひとりのうちに、物事の意味を見失ってしまった一人ひとりのうちに、キリストの顔を見るのです。

『カトリック教会のカテキズム』はこのようにいっています。「他の人のために執り成し懇願するというのは、……神のあわれみに結ばれた心の持ち主の特徴的な行為です」(2635)。実にすばらしいことです。祈るときは、神のあわれみに結ばれます。わたしたちの罪についてのあわれみ――すなわちわたしたちに対しての憐憫――、それだけでなく、自分のために祈ってほしいと請い求める人、わたしたちが神の心に結ばれて祈りたいと思う相手、そのすべての人に対するあわれみです。それこそが真の祈りです。神のあわれみに結ばれた、あわれみ深い心です。「新約時代のキリスト教的執り成しはキリストの執り成しにあずかるものであり、聖徒の交わりの表れなのです」(同)。だれかのために執り成す、あるいはだれかのために祈るとき、キリストの執り成しにあずかっているというのは、どういう意味なのでしょうか。キリストは、御父の前におられる仲介者であり、わたしたちのために祈っておられ、その手の傷を御父に示すことで祈っておられます。イエスは物理的に、その人間のからだで、御父の前におられるからです。イエスはわたしたちの執り成し手です。ですから祈ることは、少しイエスのようになることです。他者のために、御父に対するイエスにおいて執り成すことです、何とすばらしいことでしょう。

祈りへと向かうのは、人間らしい心なのです。実に人間的なものです。兄弟姉妹を愛さない人は、心から祈ってはいません。憎しみにとらわれていたら祈れませんし、無関心であっても祈れません。そういってよいと思います。祈りは、ただ愛の心をもってのみささげられるものです。愛のない人は、祈るふりをし、祈っているつもりで祈ってはいません。愛の心が欠けているからです。教会において、他者の悲しみや喜びに触れている人は、「天動説と地動説」の研究者よりも、深く掘り下げ追求しているのです。ですから、祈りの一つ一つに人間の体験があります。どんな過ちを犯しても、人は決して拒絶されたり、切り捨てられたりするものではないからです。

聖霊に動かされ、信者が罪ある者たちのために祈るときは、選別したり、断罪したりしません。すべての人のために祈ります。自分自身のためにも祈ります。祈りの中で信者は、祈る相手と自分はそう違わないことを分かっています。自分も同じ罪人の一人だと知っており、そのうえですべての人のために祈るのです。ファリサイ派の人と徴税人のたとえが教えることは、いつの時代にも有効で古びません（ルカ18・9―14参照）。わたしたちは他より優れているわけではなく、わたしたちは皆、弱さと苦しみの集団、罪人に属する兄弟姉妹です。だからわたしたちは、次の祈りを神にささげることができます。「主よ、み前に正しいと認められる者は、いのちあるものの中にはいません」（詩編143・2参照）。詩編作者はこういいます。「主よ、生者の中に、み前で正しい者はいません。わたしたちの中には一人もいません。わたしたち皆が罪人です。だれもが、払いきれないほどの負債を抱えています。あなたから見て、罪のない者はどこにもいません。主よ、わたしたちをあわれんでください」。すべての人のために祈ろうと、身を低くして神のみ前に向かうのですから、こうした心でささげる祈りは実を結びます。逆に、ファリサイ派の人は高飛車に祈ります。「主よ、わたしがあの罪人たちのようでないことを感謝します。わたしは正しい者で、いつもちゃんとしています……」。これは祈りではありません。鏡を見つめているのです。うぬぼれでできた鏡を見つめ、自分の姿を見ているのです。

このような執り成しの祈りをささげる祈り人がたえずいたおかげで、世界は進み続けています。そうした人々はほとんどが無名ですが、神はご存じです。迫害の時代には、主のこのことばを繰り返し祈る、多くの無名のキリスト者がいるのです。「父よ、彼らをおゆるしください。自分が何をしているのか知らないのです」（ルカ23・34）。

よい羊飼いである神は、ご自分の民の罪に気づいても、変わらずに世話を続けます。よい羊飼いである神は、子らがご自分から離れ去ったとしても、父であることをやめません。ご自分を悪事に巻き込もうとする者に対しても、牧者の務めを続けます。ご自分を苦しめる者にも、心を閉ざしません。

教会には、その成員がこぞって、執り成しの祈りをささげる使命があります。他者のための執り成しです。親、教師、叙階を受けた役務者、修道会の上長など責任を担う人々は、なおさらそうしなければなりません。アブラハムやモーセのように、自分にゆだねられた人々を、神に対して「弁護」しなければならないこともあるのです。自分の実のところそれは、神の目と心で、揺るがぬあわれみと優しさをもって、人々を見つめるということなのです。どうか、優しい心で、他者のために祈ってください。

兄弟姉妹の皆さん。わたしたち皆は、一本の木の葉です。落ちていく一枚一枚が思い出させてくれます。わたしたちは、互いを祈りをもって育てるのだと。ですから互いに祈りましょう。わたしたちのためにも、そしてすべての人のためにも、それはよいことなのです。

（二〇二〇年十二月十六日、教皇公邸書斎からのライブ配信）

感謝の祈り

愛する兄弟姉妹の皆さん、おはようございます。

今日は、感謝の祈りについて考えたいと思います。ルカ福音書が語るエピソードを足掛かりにします。イエスが旅を続けていると、重い皮膚病を患う十人が出迎え、イエスに願います。「イエスさま、先生、どうか、わたしたちをあわれんでください」(17・13)。ご存じのように、この病を患った人は、身体的苦しみに加え、社会的にも宗教的にも疎外されていました。村八分です。イエスは躊躇せずに彼らと会いました。時には律法による制約を超えて、彼らに触れ――許されないことでした――、彼らを抱きしめ、いやしています。ここでは、じかに接してはいません。イエスは離れていましたが、祭司たちにからだを見せるよう、患者たちに指示します(14節参照)。快復を確認するのは祭司の役割であると、律法で定められていました。イエスはほかに何もいいません。彼らの祈りを聞き入れ、あわれみを求める叫びを聞き入れ、すぐに祭司のもとに行くようお命じになります。

この十人の信じる者は、快復までそこにとどまりはしません。そうはしません。信じ、すぐさま飛んで行き、その途次で十人全員がいやされるのです。ですから祭司らは彼らの完治を確認し、再び普通の生活を営むことを許したはずです。さて、肝心なのはここからです。その中でただ一人が、祭司のもとに行く前に、受けた恵みについて、イエスに感謝し、神に賛美をささげるために戻ってきます。一人だけがそうで、あとの九人はそのまま向かいます。イエスはその人が、当時のユダヤ人にとってはいわば「異邦人」だった、サマリア人であることに気づきます。イエスはいわれます。「この外国人のほかに、神を賛美するために戻って来た者はいないのか」（17・18）。感動的な話です。

これはいわば、世界は二つに分けられるという話です。感謝しない人と感謝する人、つまり、何についても、与えられて当然と考える人と、すべてを贈り物として、恵みとして受け取る人です。『カトリック教会のカテキズム』には、「どんな出来事もどんな不足も感謝の対象となりえます」（2638）とあります。感謝の祈りはつねに、恵みはわたしたちに先立って与えられているという気づきから始まります。わたしたちは、心を配ることを覚える前に、心をかけていただきました。愛することを覚える前に、愛を受けてきました。胸に望みを感じる前に、わたしたちは望まれていました。人生をそのように捉えるなら、「どうもありがとう」が日常生活の原動力となるでしょう。「ありがとう」ということさえおろそかにしてしまうことが、どれほど多いでしょう。

わたしたちキリスト者にとって、感謝をささげるということは、いちばん大事な秘跡の名となっています。感謝の祭儀（エウカリスチア）です。実際ギリシア語のエウカリスチアは、そのまま感謝するという意味です。キリスト者は、信仰をもつすべての人と同じく、いのちのたまものを与えてくださったことを神に感謝したたえます。生きることは、まずいのちを受け取ることから始まります。わたしたちは皆、わたしたちにいのちを望むかたがおられたから誕生したのです。そしてこれは、生きている間の負い目の長い連なりの始まりにすぎません。感謝となる負い目です。わたしたちは生まれてから、何人もの人に、無償で、他意なく目をかけてもらいました。そのほとんどが、教師、カテキスタ、また求められている以上に自身の役割を果たしてくれた人たちです。このかたがたに対して、感謝の気持ちがわくのです。友情もまた、いつまでも感謝すべき贈り物です。

いつも口にしなければならないこの「ありがとう」、キリスト者がすべての人と共有するこのありがとうは、イエスとの出会いを通して広がっていきます。福音書は、イエスが通れば、イエスと出会った人にしばしば喜びと神への賛美が生まれることを証言しています。降誕の物語は、救い主の到来によって晴れやかに開いた心で祈る人々であふれています。わたしたちもまた、この盛大な歓喜の声に加わるよう招かれています。重い皮膚病を患った十人の話もまた、そのことを伝えています。この十人が喜んだのはいうまでもありません。健康を取り戻し、社会からの締め出しである、際限のない強制隔離を終えられたからです。ですがその中に、一人だけ、喜びに喜びを加えた人がいます。快復の喜びとともに、イエスに出会う喜びも味わったのです。悪いものから解放されただけでなく、今や、愛されているという確信ももてました。感謝を伝える際に、愛されているという確信を表明している、これが核心です。愛されているとの確信は、とても大きな一歩です。愛を、世を治める力と悟ることです。ダンテはこういったそうです。「愛は動かす、太陽と、ほかのかの星々を」(『神曲』天国篇第三十三歌一四五〔寿岳文章訳、集英社、一九八七年、三〇一頁〕)。わたしたちはもう、あてどなくさ迷う放浪者ではありません。わたしたちには家があります。キリストに住まうのです。そして、その「住まい」から、残りの世界を見つめています。それは、このうえなく美しく立ち現れます。わたしたちは愛の子らであり、愛から生まれた兄弟姉妹です。わたしたち人間は、恵みのたまものなのです。

ですから兄弟の皆さん。イエスと出会う喜びに浸るよういつも心掛けましょう。喜びを深めましょう。それに引き替え悪魔は、わたしたちを何らかの誘惑で惑わしてから、必ず悲しませ、孤独にさせます。キリストにとどまっていれば、大勢の旅の仲間とともに喜びのうちに歩み続けることができなくなる、いかなる罪も脅威もありません。

何にも増して、感謝することを怠らずにいましょう。感謝の気持ちを失わなければ、ほんの少しずつだとしても、世界はよくなっていきます。少しの希望が伝われば十分です。世界は希望を必要としています。感謝をもって、ありがとうとことばにする姿勢をもって、ささやかな希望を伝えましょう。すべては結ばれ、すべてがつながっています。そして、だれもが、置かれた場所で何らかの貢献をしているはずです。幸せへの道について、聖パウロは書簡の結びにつづっています。「たえず祈りなさい。どんなことにも感謝しなさい。これこそ、キリスト・イエスにおいて、神があなたがたに望んでおられることです。〝霊〟の火を消してはいけません」（一テサロニケ5・17―19）。聖霊の火を消してはいけない、人生のすばらしい指針です。感謝へと導いてくれる、内なる聖霊の火を消してはなりません。

（二〇二〇年十二月三十日、教皇公邸書斎からのライブ配信）

賛美の祈り

愛する兄弟姉妹の皆さん、おはようございます。

祈りについての講話を続けましょう。今日は賛美について考えます。イエスの生涯の、ある危機的な場面をヒントにしましょう。最初のいくつかの奇跡を行い、弟子たちとかかわりながら神の国についてお伝えになると、その後、メシアの宣教は難局を迎えます。洗礼者ヨハネは疑念を抱き、イエスのもとに使者を送ります――自身は牢にいたからです――。「来るべきかたは、あなたでしょうか。それとも、ほかのかたを待たなければなりませんか」（マタイ11・3）。彼は、自分が伝えたことは間違いではなかっただろうかと苦しみました。人生には必ず、闇に覆われるときがあります。霊的な暗夜です。洗礼者ヨハネはそのただ中にいました。イエスが数多くの奇跡を行った湖岸の町々で、敵意が生じます（マタイ11・20―24参照）。そうしたつらいときについて、マタイは実に驚くべき事実を伝えています。イエスは、御父に対して嘆きではなく、喜びの賛歌をささげるのです。「天地の主である父よ、あなたをほめたたえます。これらのことを知恵ある者や賢い者には隠して、幼子のような者にお示しになりました」（11・25）。このように、洗礼者ヨハネはじめ、大勢の人の魂が暗い闇の中、危機の渦中にあるときに、イエスは御父をたたえます。イエスは御父を賛美なさるのです。なぜでしょうか。

イエスは、何よりもまず、「天地の主である父」であられるがゆえに神を賛美します。イエスの心が喜びにわくのは、ご自分の御父は宇宙の神であり、翻って、存在する万物の主は父なる神、「わたしのお父さん」であると知っており、それを実感しておられるからです。そのように、「いと高きかたの息子」なのだという意識をもつことで、賛美があふれ出るのです。イエスには、いと高きかたの子だとの実感があるのです。

またイエスが御父を賛美するのは、御父が幼子のような人をこそ大切にしておられるからです。それは、イエスご自身がほうぼうの町で教える中で経験しておられます。「賢い者」や「知恵ある者」は疑い深く、閉鎖的で、理屈をこねますが、「幼子のような人」は素直で、メッセージを受け入れるのです。これはきっと御父のみ旨にほかならず、イエスはそのことを喜ばれます。謙虚で純心な人が福音を受け入れるのですから、わたしたちも喜び、神を賛美しなければなりません。巡礼をしたり、祈りをささげたり、歌ったり、賛美したりするような、謙虚な人々、純心な人々、多くに事欠いてはいても謙虚さゆえに神に賛美をささげる人々に会うと、わたしはうれしくなります。世界の未来のため、そして教会の希望のためには、こうした「幼子のような人」が必要なのです。それは、自分は人より上という考えをもたない人、自分には限界も罪もあることを知っている人、他者を意のままに動かそうとはしない人、父なる神においていて、すべての人と兄弟姉妹であるとの自覚をもつ人です。

ですからイエスは、何もかもが暗く、もうだめなのだと思えるときに、御父をたたえる祈りをささげます。そしてイエスの祈りは、福音書の読者であるわたしたちを導き、神の存在やみわざがよく分からなくなってしまうときや、ひどいことばかりでどうにもならないようなときに、自分自身のうまくいかない部分を、違った方法で受け止めるよう教えます。イエスは、御父に説明を求めたい根拠のある場合には、懇願の祈りを強く勧めておられますが、その場合には、神を賛美することが大事だといっておられます。矛盾しているかのようですが、そこにこそ真理があります。

賛美は、だれのためのものでしょう。わたしたちでしょうか、それとも神でしょうか。感謝の祭儀の式文は、神に次のように祈るよう招いています。「あなたは、わたしたちの賛美を必要とはしていません。かえって愛のたまものは、わたしたちを感謝に招きます。賛美の歌は神の偉大さには遠く及ばず、むしろ救いの恵みを約束するばかりです」（『ローマ・ミサ典礼書（イタリア語版）』叙唱「共通四」）。賛美によって、わたしたちは救いを得るのです。

賛美の祈りは、わたしたちを利する祈りです。それゆえ『カトリック教会のカテキズム』は、この祈りを次のように定義しています。「栄光のうちにおられる神を仰ぎ見る前から信仰をもって愛している、清い心をもった人々の幸いにあずかることです」（2639）。矛盾するようですが、賛美の祈りは、人生が喜びに満ちているときばかりでなく、苦境のときにこそ、道が険しく、闇に包まれているときにこそ、祈らなければなりません。そのようなときも賛美のときなのです。厳しいときに御父を賛美なさるイエスのようにです。険しい坂を、苦しい道を、つらい道を、そのきつい道を通れば、見たことのない景色が、広い地平が見えるようになることを知るためにです。賛美することは、新鮮な空気を肺に入れるのと同じです。心を晴れやかにし、視線を遠くに向けられるようにします。苦しみの中、困難の暗闇の中に、あなたを閉じ込めたままにはしません。

聖フランシスコが晩年に詠《うた》った賛歌は、八百年の時を経てもなお輝く、すばらしい教えを伝えています。「兄弟なる太陽の賛歌」、別名「被造物の賛歌」です。アッシジの清貧者がこの賛歌を詠ったのは、喜びの、幸せのときではなく、むしろ苦しいときでした。そのころ視力をほとんど失い、それまで経験したことのない孤独で心が押しつぶされていました。教えを説き始めたころから世界は何も変わらず、人々はなおも争い、分断が続いていました。加えて、死が近づいていることも実感していました。しかしフランシスコは、その悲嘆に暮れるとき、真っ暗なときにこそ祈ります。どのように祈ったのか。「賛美されますように、わたしの主よ（ラウダート・シ、ミ・シニョーレ）、……」です。賛美する祈りです。フランシスコは、すべてのものによって、恵みである全被造物によって、神を賛美します。大胆にも「姉妹」と呼ぶ死、「姉妹であるわたしたちの肉体の死」によってさえも賛美します。つらいときに神を賛美する、こうした諸聖人、キリスト信者、そしてイエスに倣えば、主へと続く広大な道への門が開かれ、わたしたちの心は必ず清くなります。賛美は必ず清めてくれるのです。

よいときも悪いときも、どんなときにも神を賛美することはできると、聖人たちは教えてくれます。神は忠実な友だからです。神は忠実な友であり、神の愛は決して裏切らない――、これこそが賛美の根拠です。神はつねにそばにいてくださり、必ず待っていてくださいます。「神はあなたのそばにおられ、自信をもって前進できるようにしてくださる守り手です」という人もいます。苦しく、闇のときに、「賛美されますように、わたしの主よ」とことばにする勇気をもってください。主を賛美すること。それは、大いにわたしたちのためになることです。

（二〇二一年一月十三日、教皇公邸書斎からのライブ配信）

＊聖フランシスコ「兄弟なる太陽の賛歌」の訳は、『アシジの聖フランシスコ・聖クララ著作集』（フランシスコ会日本管区訳・監修、教文館、二〇二一年）による。

聖書のことばによる祈り

愛なる兄弟姉妹の皆さん、おはようございます。

今日は、聖書を引用する祈りについて考えたいと思います。聖書のことばは、パピルス、羊皮紙、紙に封じ込めるためではなく、祈る人に受け止められ、その心の中で芽吹かせるために書き留められました。神のことばは、心を目指して進みます。『カトリック教会のカテキズム』は明言しています。「聖書を読むにあたっては、神と人間との会話ができるよう、それに祈りを加えることを忘れてはなりません――聖書は、小説のように読めるものではありません――」(2653)。祈りはそのようにあなたを導きます。祈りは神との対話だからです。聖書のその箇所は、何世紀も前に、神のことばをわたしに伝えるために、わたしのために記されたものでもあるのです。わたしたち一人ひとりのために記されたものなのです。信者はだれしも、経験があるでしょう。何度も聞いた聖書箇所が、ある日突然自分に向けて語り、今まさに自分がいる状況に光が射す経験です。ただそのためには、その日その時間、そこに、そのみことばとの出会いの場にいて、みことばに耳を傾けていなければなりません。神は毎日来られ、わたしたちの人生という大地に種を蒔《ま》いておられます。今日主が目にされるのが、乾いた土地なのか、茨《いばら》の土地なのか、芽が出るのによい土地なのか、わたしたちには分かりません（マルコ4・3―9参照）。聖書が、わたしたちにとって神の生きたことばとなるかはわたしたち次第で、わたしたちの祈りがどうであるか、聖書に向き合う開かれた心があるかどうか次第です。神は始終、聖書を通して来ておられます。ここで、先日お話ししたこと（訳注：二〇二一年一月二十四日の「お告げの祈り」前の講話。『教皇フランシスコ講話集9』に収録予定）をもう一度取り上げたいと思います。聖アウグスティヌスは、「神が通られるときは不安だ」といいました。何の不安でしょう。主の声を聞き逃し、来られたのが主であったとは気づかない不安です。

祈りによって、みことばの新たな受肉ともいえることが起こります。そしてわたしたちは、神のことばが世に滞在するための、宿となり世話をする「聖櫃《せいひつ》」です。ですから、下心なしに、都合よく利用せずに、聖書に向き合わなければなりません。キリスト信者は、聖書に自分の哲学的・倫理的見解の補強を求めるのではなく、出会いを期待しているのです。信者は、聖書のことばが聖霊によって書かれたものであり、それゆえ出会いを実現するには、その聖霊によって受け入れ、理解しなければならないことを知っています。

キリスト者が聖書箇所をオウムのようにそらんじるのを見ると、少しがっかりします。「ああ、はいはい、主は〇〇といっています……、主は〇〇を望んでいます」と。いったい、その句を通して主と出会ったのですか。大切なのは暗記ではなく、心に刻まれているかどうかです。心に刻まれたものが、主との出会いへとあなたを開くのです。あのことば、あの箇所が、主との出会いへと導いてくれるのです。

ですから、わたしたちが聖書を読むのは、みことばに「自分たちのことを読んでいただく」ためです。この人物やあの人物に、この場面やあの場面に、自分を重ねられるのは恵みです。聖書は、漠然と人類を描くために書かれたのではなく、わたしたちのこと、わたしのこと、あなたのこと、生身の人間のことを、名前をもつ人のことを書いています。わたしのことですし、あなたのことです。そして、聖霊に浸されているみことばが開かれた心で受け取られるならば、物事は以前と変わらぬままではありません。何かが変わります。それは恵みであり、みことばの力です。

キリスト者の伝統には、聖書のことばによる祈りの豊かな経験と考察があります。なかでもとりわけ、「霊的読書《レクチオ・ディヴィナ》」という方法が確立されています。修道生活を起源としていますが、今日では、教会に熱心に通うキリスト信者も実践しています。大切なのはまず、聖書の箇所を読むのに注意深く、さらにいえば、テキストを「素直に」読み、その箇所にはどんな意味があるのかを理解することです。それから、聖書との対話が始まります。ですから該当の聖書箇所が、黙想と祈りのテーマとなります。その箇所から離れず焦点を当てて、何を「自分に語っている」のかの黙想に入ります。難しいのは次です。主観的な解釈に引きずられることなく、聖書のもとにわたしたち一人ひとりを一致させる、生きた伝承に自分を重ねていかなければなりません。霊的読書の最後の段階は観想です。ここでは、ことばや思考は、愛に場を譲ります。黙って見つめ合うだけで満たされる恋人どうしのようにです。聖書本文を、鏡のように、観想の対象のイコンのように置いておきます。こうして対話するのです。

祈りを通して、神のことばはわたしたちの内に住まい始め、わたしたちもみことばのうちにとどまります。みことばは善意を促し、行動を支えます。わたしたちに力を与え、平静を与え、苦しいときにも平安をもたらします。「ややこしく」混乱した日々にも、信頼と愛の核を心に据えて、悪による攻撃から守ってくれます。

このように神のことばは、祈りをもってそれを受けた人の中で、肉となります。肉となる――この表現を使うことを許してください。古い書の中には、キリスト者とみことばを同一視する洞察が見受けられます。たとえ世界中の聖書が焼失しても、その「写し」は聖人たちの生き様に刻まれた痕跡によって守られる、というものです。とても美しい表現です。

キリスト者の生き方は従順な営為であると同時に、創造的な営為でもあります。よいキリスト者は、従順でなければなりませんが、創造性も求められます。みことばに耳を傾けるから従順なのであり、内におられる聖霊が行動するよう駆り立て、前へと進めてくださるから創造性豊かなのです。イエスは、たとえを用いた説教の結びで、次のようになぞらえておられます。「天の国のことを学んだ学者は皆、自分の倉――心のことです――から新しいものと古いものを取り出す一家の主人に似ている」（マタイ13・52）。聖書は尽きることのない宝です。わたしたち皆が、祈りを通して、聖書からさらにたくさんのことを引き出せるよう、主が導いてくださいますように。

（二〇二一年一月二十七日、教皇公邸書斎からのライブ配信）

典礼での祈り

愛する兄弟姉妹の皆さん、おはようございます。

教会の歴史には幾度か、公の典礼儀式を霊的に重視しない、私的なキリスト教を追求する動きが記録されています。そうした流行は、外面的な儀式を無用な、あるいは妨げとなる重荷とみなし、儀式をよりどころとしない、より純度が高いはずと考えた宗教心を要求しました。批判の中心が、儀式の個々の形式や、祭儀の特定のしかたではなく、典礼そのもの、祈りの形態である典礼にまで至ってしまったのです。

確かに教会内には、典礼と適切なかたちで結ばれていない霊性形態もあります。信者の中には、主日のミサをはじめとする典礼に欠かさず参加しながら、自身の信仰や霊的生活の糧を、信心のような、他のものから得る人も少なくありません。

過去数十年で、大きな進展がありました。第二バチカン公会議の『典礼憲章』が、その長い道のりの節目となっています。この憲章は、典礼がキリスト者の生活にとって重要であることを、網羅的・系統的に再確認しています。キリスト者は典礼に、イエス・キリストは観念や情趣ではなく生きているペルソナであり、その神秘は歴史上の出来事であるという事実にかなった、物理的媒介を見ています。キリスト者の祈りは、聖書、諸秘跡、典礼祭儀、共同体といった、具体的な媒介を通して行われます。キリスト者の生活にとって、身体的で物質的な領域は軽視できません。それが、イエス・キリストによって救いへの道となったからです。身体を用いて祈る必要がある、ともいえるかもしれません。肉体も祈りに加わるのです。

ですから、聖なる神秘の祭儀に根ざしていないキリストの霊性はありえません。『カトリック教会のカテキズム』にはこう記されています。「教会の秘跡の典礼において救いの神秘を告げ、現在化し、共有化させるというキリストと聖霊の使命は、祈る人々の心の中で続けられます」(2655)。典礼は、それ自体がそのまま祈りであるだけでなく、さらに多くの祈りを生み出す源なのです。キリスト教の経験全般を生み出す行為であり、それゆえ、祈りもまた出来事であり、機会であり、現存であり、出会いなのです。まさにキリストとの出会いです。キリストは、聖霊によって、秘跡のしるしを通して、現存しておられます。ですから、わたしたちキリスト者は神の神秘にあずかる必要があるのです。あえて申し上げますが、典礼のないキリスト教は、キリスト不在のキリスト教といえるでしょう。キリストがまったく見えないキリスト教です。かつても今も、一部のキリスト者が、とらわれている場所で、あるいは迫害時にひそかに家の中で執り行うような、ごく質素な典礼であっても、キリストは真にご自分を現存せしめ、信者にご自分を与えておられます。

典礼は、まさにその物理的側面ゆえに、熱意をもって執り行うよう求められます。儀式において注がれた恵みが、雲散霧消することなく、各人の実生活に及ぶようにするためです。『カトリック教会のカテキズム』はそれを的確に説明しています。「典礼は、それが行われている間にもその後にも、祈りによって内面化され、自分自身のものとなります」（同）。キリスト教の祈りの中には、典礼を源としないものも多くあります。しかし、キリスト教の祈りであるならば、そのどれもが典礼を、すなわち秘跡によるイエス・キリストの媒介を必要としています。洗礼を執り行うたびに、感謝の祭儀によってパンとぶどう酒が聖別されるたびに、病者に塗油するたびに、キリストはそこにおられます。病人の弱った手足をいやしてくださったときや、最後の晩餐で世の救いを告げられたときと同じように、そこで働いておられるかた、そこに現存しておられるかたは、キリストなのです。

キリスト者の祈りは、イエスの秘跡的な現存を、祈る人のものにしてくれます。わたしたちの外にあるものが、わたしたちの一部となるのです。典礼は、食べるというごく普通の行為だけでそれを表しています。ミサは、「耳を傾ける」だけで成り立つものではありません。ですから「ミサの聴衆となる」というのは正しい表現ではありません。ミサは、自分には関係なく展開していることの聴衆であるかのように、耳を傾けていればよいものではありません。どのミサもすべて、司式する司祭だけでなく、そのミサに参加する全キリスト者によって挙行されるのです。そして、その中心にはキリストがおられます。多種多様なたまものと任務をもつわたしたち皆が、キリストのわざに結ばれます。キリストこそが典礼の主宰者だからです。

初代教会の信者たちが信仰を生き始めたとき、彼らは聖霊の光と力によってイエスの行いとことばを今ここにあるものとすることでそれを示し、恵みに触れた自分たちの生活を、神への霊的なささげものとしたのです。この姿勢は、真の「革新」でした。聖パウロはローマの信徒への手紙の中にこう記しています。「こういうわけで、兄弟たち、神のあわれみによってあなたがたに勧めます。自分のからだを神に喜ばれる聖なる生きるいけにえとしてささげなさい。これこそ、あなたがたのなすべき礼拝です」（12・1）。人生が神への礼拝となるよう召されているのですが、それは、祈りなしでは、なかでも典礼の祈りなしではかないません。この考察が、ミサに行くときのわたしたちの助けとなりますように。「共同体で祈るために行くのです。そこにおられるキリストとともに祈りに行くのです」と。たとえば洗礼式に行くときは、キリストがそこにおられ洗礼を授けておられる、という思いをもつことです。「しかし、神父様。それは一つの見方、表現の問題ですよね」。そうではありません。たとえではありません。キリストはそこにおられます。だから典礼では、あなたの隣におられるキリストとともに祈りをささげるのです。

（二〇二一年二月三日、教皇公邸書斎からのライブ配信）

日常生活での祈り

愛する兄弟姉妹の皆さん、おはようございます。

前回は、キリスト者の祈りがどのように典礼に「根ざしている」かについて振り返りました。今日は、それが典礼から出発して必ず日常生活に帰っていくとはどういうことかに焦点を当てます。歩いているとき、オフィスで、交通機関の中で……といった場です。そしてその場所で、神との対話は続くのです。祈る人は恋する人のようなもので、どこにいても恋人のことを心に抱いているのです。

まさに、神とのこの対話には、あらゆるものが取り込まれます。喜びはつど、賛美の理由となり、試練は毎回、助けを求める機会となります。祈りは炭火のように、生活の中でつねに息づいています。口にはしなくとも、心は祈っているのです。考えの一つ一つに、一見「神への冒瀆」かのような考えにさえも、祈りが浸み込んでいるのです。人間の知性にも、祈りの要素があります。事実、知性は神秘をのぞく窓です。

わたしたちの数歩先を照らし、さらに現実全体へと、知性に先立ち知性を凌駕する現実へとわたしたちを開きます。この神秘は、不安にさせたり悩ませたりするような顔をしてはいません。まったく。キリストを知ることは、自分の目には見えず、心のまなこに映らず、何も見えていなくても、わたしたちを待っているかたがおられ、限りない恵みがあることを確信させてくれます。このようにキリスト者の祈りは、人間の心に揺るがぬ希望を注ぎます。人生の旅路でいかなる体験をしようとも、神の愛はそれをよきものに変えることができるのです。

これについて『カトリック教会のカテキズム』はこのように伝えます。「わたしたちは、キリストのことばを聞いたり過越の神秘にあずかったりするときには祈るようにと教えられています。しかしキリストの霊は、日々の出来事の中でいつも、祈りをわきたたせてくださいます。……時をつかさどるのは御父です。したがって、わたしたちが御父にお会いするのは今であって、昨日でも明日でもなく、今日なのです」(2659)。今日、神に会います。今日という日は、いつだって出会いの日なのです。

わたしたちが生きている今日ほど、奇跡のような日はありません。「いやいや、この先はもっとよく……」と先のことばかり考え、迎えている今日を受け止めない人は、空想の中の住人で、具体的な現実を受け止められません。今日という日は現実であり、具体的なのです。そして祈りは、今日していることとです。イエスは今日わたしたちに会いに来てくださり、その今日という日を、わたしたちは生きているのです。今日を恵みへと変えるもの、あるいはもっといえば、わたしたちを変えてくれるのは祈りです。祈りは怒りを鎮め、愛を支え、喜びを膨らませ、ゆるす力を与えます。時には、もはやわたしたちが生きているのではなく、祈りを通して恵みがわたしたちの中で生き働いている、そう思えることもあるかもしれません。怒りや不満を抱けば、わたしたちはつらくなります。そこで主に伝えましょう。「あなたはどこにおられるのですか。わたしはどうなってしまうのですか」。主はそこにおられます。そして主はわたしたちに否定的な指摘で嫌な思いをさせずに、かけるべきことばを、前に進むためのアドバイスを与えてくださるでしょう。いつだって祈りはポジティブなもの――俗な表現ですが――だからです。いつだってです。祈りは前に進ませてくれます。迎えるその日その日を祈りによって受け止めるならば、勇気が仲間となり、目の前の問題はもはや幸せを阻む壁ではなく、神からの呼びかけ、神との出会いの機会となります。主がついていてくだされば、わたしたちは勇気がわき、自由になり、幸せを感じるのです。

ですから、あらゆることのために、すべての人のため、敵のためにさえも、たえず祈りましょう。「敵のために祈りなさい」とイエスは教えました。愛する人のためだけでなく、知らない人のためにも祈りましょう。聖書で繰り返し呼びかけられているように、今いいましたが、敵のためにも祈ってください。祈りは、あふれるほど豊かな愛の支度となります。祈るべきは、だれよりも不運な人のため、自分を顧みてくれる血の通った愛をもった人などもういないと、独り絶望の中で泣く人のためにです。祈りは奇跡を起こします。その瞬間、貧しい人たちは、神の恵みによって悟るのです。自分たちが不安定な状況に置かれていても、キリスト者の祈りには、イエスのあわれみを現存させる力があると。イエスは、飼い主のいない羊のような、疲れて途方に暮れた人の群れを、とても優しい目でご覧になりました（マルコ6・34参照）。忘れないでください。主は、あわれみの主、近しい主、優しさの主なのです。この三つの表現を忘れてはなりません。それが主の流儀だからです。あわれみ、近しさ、優しさです。

祈りは、過ちや罪があったとしても、相手を愛せるよう助けてくれます。いかなる場合も、その行いよりも、その人自身のほうがはるかに大切です。そしてイエスは、この世を裁いたのではなく、救ってくださったのです。人を裁いてばかりいる人、いつも非難し、必ず批判する人の人生は醜い人生です。醜い人生、あわれです。イエスはわたしたちを救うために来られました。あなたも心を開き、人をゆるし、弁護してください。理解し合うのです。イエスのように、あなたも人に近く寄り添い、あわれみを忘れず、優しくしてください。わたしたちは例外なく皆罪人であること、けれども一人ひとりが神から愛されていることを忘れずに、すべての人を愛し、互いに愛し合わなければなりません。この世界をそのように愛することができるなら、優しさをもって愛するなら、一日一日に、一つ一つの物事に、神の神秘の一片がそっと置かれていることに気づくでしょう。

『カトリック教会のカテキズム』は、さらにこういいます。「イエスが「幼子のような者」、キリストのしもべ、心の貧しい人々に明かされた神の国の神秘の中には、毎日、毎時の出来事の中で祈るということも含まれています。正義と平和の国の到来が歴史の信仰に影響を与えてくれるように祈るのは正しくよいことですが、目立たぬ日常的状況の中に埋もれているものを、麦をこねるように祈りによってこね上げるのも大事なことです。どんな形の祈りでも、キリストが神の国にたとえられたパン種となりうるのです」(2660)。

人間――男も女も、わたしたち全員――は、息にも似たもの、草のようなものです(詩編144・4、103・15参照)。哲学者パスカルは次のように記しています。「彼をおしつぶすために、宇宙全体が武装するには及ばない。蒸気や一滴の水でも彼を殺すのに十分である」（『パンセ』186〔前田陽一、由木康訳、中公文庫、二〇一八年、二五〇頁〕）。わたしたちはもろい生き物ですが、祈ることを知っています。それこそが、わたしたちの最大の尊厳であり、力です。元気を出しましょう。いつも、どんな中でも、祈ってください。神は近くにいてくださるのですから。そして、イエスのみ心に沿った祈りは、奇跡をもたらすのです。

（二〇二一年二月十日、教皇公邸書斎からのライブ配信）

祈りと三位一体（一）

愛する兄弟姉妹の皆さん、おはようございます。

祈りについての連続講話ですが、今日と来週は、イエス・キリストによって、祈りがわたしたちを三位一体――父と子と聖霊――へと、愛である神の大海原へと、開け放ってくれるとは、どのようなことかを見ていこうと思います。わたしたちに天を開いてくださり、神とのかかわりの中に引き入れてくださるのは、イエスにほかなりません。父と子と聖霊、この三位一体の神との交わりへとわたしたちを開いてくださったかたこそイエスです。使徒ヨハネは、その福音書の冒頭の結びではっきりといいます。「いまだかつて、神を見た者はいない。父のふところにいる独り子である神、このかたが神を示されたのである」（ヨハネ1・18）。イエスはご自分の身分を、父であり子であり聖霊であるという神の身分を明かしてくださいました。わたしたちは、祈り方がまったく分からなかったわけです。どんなことば、どんな気持ち、どんな表現が神にふさわしいのか――。今回の連続講話でたびたび取り上げた、弟子たちが師なるかたに対し求めたあの願いを何度も試みるもののほとんどうまくいかない、創造主に向き合うための人間の思考錯誤のさまがありありと見て取れます。「主よ、……わたしたちにも祈りを教えてください」（ルカ11・1）。

祈りはどれも同じではありませんし、どんな祈りでもよいわけではありません。聖書も、退けられるという不本意な結果となった、多くの祈りを証言しています。おそらく、わたしたちの祈りに神は満足しておられないことがあっても、わたしたちはそれに気づいてさえいないのでしょう。神は、祈る人の手をご覧になります。その手をきれいにするのに必要なのは、洗うことではなく悪い行いをしないことです。聖フランシスコはこう祈りました。「人はだれもふさわしくあなたを語ることはできません」（「兄弟なる太陽の賛歌」［フランシスコ会日本管区訳・監修、『アシジの聖フランシスコ・聖クララ著作集』教文館、二〇二一年、五八頁］）。

ですが、わたしたちの祈りの乏しさについてのもっとも感動的な自覚は、ローマの百人隊長が口にしたものではないでしょうか。病気で苦しむ自分のしもべをいやしてほしいとイエスに懇願した人です（マタイ8・5―13参照）。この人は、自分の行動が筋違いだとは重々承知していました。ユダヤ人ではなく、嫌われている占領軍の隊長だったからです。しかし部下を心配するあまり、思い切って申し出るのです。「主よ、わたしはあなたを自分の屋根の下にお迎えできるような者ではありません。ただ、ひと言おっしゃってください。そうすれば、わたしのしもべはいやされます」（8節）。これは、感謝の祭儀のたびにわたしたちも繰り返し唱えるフレーズです（訳注：『ミサ典礼書（規範版）』の拝領前の信仰告白のことば。日本では、二〇二二年の待降節第一主日から用いられる新しいミサの式次第で採用される）。神との対話は恵みなのです。わたしたちはそれにふさわしい者ではなく、その権利を有しているわけでもありません。ことばを吐くごとに、思いを抱くごとに、「足をひきずる不自由な者」です。けれどもイエスが扉となって、神との対話へとわたしたちを開いてくださるのです。

なぜ人間には、神に愛される恵みがあるのでしょうか。明白な理由はありませんし、それに見合うようなことは何も……。ですから現にほとんどの神話は、人間の人生のあれこれを気に掛ける神など想定していません。むしろ、人間の浮き沈みは、神話の神にとっては面倒で退屈で、完全にどうでもいいものとされています。申命記で繰り返される、ご自分の民への神のことばを思い出しましょう。「考えてみなさい。あなたの近くにいるわたしのような神のいる民が、どこにあるだろうか」。この神の近しさこそが啓示です。神は自分のことしか考えられない、という哲学者もいます。どちらかといえば、人間のほうが神に取り入って媚《こび》を売っているのだと。それゆえ「宗教」の務めは、物言わぬ神、無関心な神の機嫌を取るべく、ひたすら、いけにえと礼拝を続けることだというのです。そこに対話はありません。イエスだけが、イエス以前はモーセへの啓示――このときに神はご自分を明かされました――だけが、聖書だけが、神との対話の道をわたしたちに開いたのです。「あなたの近くにいるわたしのような神のいる民が、どこにあるだろうか」――これを忘れてはいけません。神の近しさによって、わたしたちは神との対話に開かれるのです。

人間を愛してくださる神――。イエスを知らずにいたならば、そのような神を信じる気には決してなれなかったでしょう。イエスを知ることは、わたしたちにそれを学ばせ、それを明かすのです。あわれみ深い父親のたとえや、見失った羊を探し回る羊飼いのたとえ（ルカ15章参照）で語られることは、とんでもないことなのです。イエスに出会っていなかったなら、そんな話を想像することも、ましてや理解することなどできなかったでしょう。人間のために死んでくださろうとする神とは、どんな神でしょうか。愛を返すよう要求はせず、いついかなるときも、忍耐強く愛してくださる神とは、どんな神でしょう。相続財産の生前贈与を要求し、家出して放蕩の限りを尽くした息子（ルカ15・12―13参照）の甚だしい忘恩をゆるしてくださる神とは、どんな神なのでしょう。

神のみ心を示してくださるのはイエスです。神がいかに父なるかたであるのかを、イエスはご自分の生き方をもって伝えておられます。これほどまでに父であるかたはいない（Tam Pater nemo）。父であることとは、近しさ、あわれみ、優しさです。神の流儀であるこの三つを忘れないでください。近しさ、あわれみ、優しさです。それが、わたしたちにとって父であることを示すなさり方です。至聖なる三位一体を満たす愛は、また、父と子と聖霊がどれほど互いをいつくしみ合っているかは、想像に難く、わたしたちからははるかに懸け離れたことです。東方のあのイコンは、全宇宙の源であり喜びであるこの神秘を垣間見させてくれます。

何より、神のこうした愛が広がってわたしたち人間の岸辺にたどり着くことなど、到底信じられなかったのです。わたしたちは、この地上で二つとない愛の終着点です。『カトリック教会のカテキズム』は次のように説明しています。「イエスの聖なる人性が仲立ちになってこそ、聖霊はわたしたちに父である神に祈ることを教えてくださるのです」（2664）。ですからそれは、信仰の恵みなのです。イエスの人性――、これ以上の使命をわたしたちは期待しえたでしょうか。イエスにおいて、神はご自分を近しいものとなされました。そのイエスの人性が、わたしたちに三位一体のいのちそのものにあずからせ、父と子と聖霊の愛の神秘の扉を大きく開いてくださったのです。

（二〇二一年三月三日、教皇公邸書斎からのライブ配信）

祈りと三位一体（二）

愛する兄弟姉妹の皆さん、おはようございます。

至聖なる三位一体、とくに聖霊との交わりとしての祈りの講話は、今日完結します。キリスト者一人ひとりへの第一のたまものは聖霊です。数あるたまものの一つというよりも、本質的たまものです。聖霊は、イエスがわたしたちに送ってくださると約束されたたまものです。聖霊がおられなければ、キリストとの交わりも、御父との交わりもありえません。聖霊が、わたしたちの心を神の現存に向けて開き、み心そのものである愛の「渦」へと引き寄せてくださるからです。わたしたちはこの世の客人、地上を旅する巡礼者であるだけでなく、三位一体の神秘においても客人であり巡礼者です。ちょうど、ある日、自分の天幕に三人の旅人を迎え入れ、神と出会ったアブラハムのようです。心から神を「アッバ－お父さん」と呼んで祈ることができたなら、それは聖霊がわたしたちの中に住まわっておられるからです。わたしたちを奥底から変え、神の実の子として愛されているという胸震える喜びを味わわせてくださるのは聖霊です。わたしたちの内部で神に向かう霊的な働きはどれも、このたまものである聖霊によるものです。イエスとともに、御父に向かっていくキリスト者の生活を実現していけるよう、わたしたちの内で働いてくださるのです。

これについて、『カトリック教会のカテキズム』は次のようにいいます。「わたしたちがイエスに祈り始めるときはいつも、聖霊が前もって恵みを与えてわたしたちを祈りへと誘っておられます。聖霊がわたしたちの心にキリストへの思いを起こさせながら祈らせてくださっているのであれば、どうして聖霊ご自身に祈らずにいられましょう。だから、教会はわたしたちに、毎日、とくに重要な行為の始めと終わりには必ず聖霊に祈るようにと勧めています」(2670)。これこそが、わたしたちの内にある聖霊の働きです。わたしたちにイエスへの思いを「思い起こさせ」、わたしたちにイエスを現存させ――いうなれば三位一体についてのわたしたちの記憶、わたしたちの内にある神についての記憶のこと――、イエスが過去の人物だと貶《おとし》められることのないよう、イエスを現存させてくださいます。すなわち聖霊は、わたしたちの意識の中にイエスを現存させてくださるのです。もしキリストがはるか昔の人物にすぎないならば、わたしたちはこの世で独り、途方に暮れていたことでしょう。確かに、かつておられた、遠い昔のイエスを思い起こすこともあります。しかし聖霊はイエスを、今日、今、この瞬間、わたしたちの心に連れてきてくださいます。それどころか聖霊においては、すべてのものが息を吹き返します。すべての時代、あらゆる場所のキリスト者に、キリストとの出会いの可能性が開かれます。歴史上の人物としてだけでなく、キリストと出会う機会へと開かれるのです。歴史上の人物などではないのです。聖霊はキリストを、わたしたちの心に引き入れてくださいます。わたしたちをキリストに出会わせてくださるのは、聖霊にほかなりません。このかたは遠く離れてはおらず、聖霊はわたしたちとともにおられます。イエスは今でも、ペトロやパウロ、マグダラのマリア、すべての使徒たちになさったように、ご自分の弟子たちの心を変えることで教えておられます。それでは、どうしてイエスは今ここにおられるのでしょうか。聖霊が、わたしたちのもとに連れてきてくださるからです。

多くの祈りの人が、それを経験してきました。聖霊が、キリストの「尺度」をもって、あわれみ、奉仕、祈り、信仰教育によってはぐくんだ人々です。自分の中に別のいのちが脈打っていることに気づく人、「さらなるものを」見る人、そうした人に巡り会えるのは恵みです。念頭にあるのは、修道者や隠修士だけではありません。普通の人たちにもおられます。信仰を純化し強めてくれる内的闘いを時にはらむ、神との対話の長い歴史を紡いできた人たちです。そうした素朴なあかし人は、福音書に、拝領し礼拝する聖体に、苦しむ兄弟姉妹のその顔に、神を求めてきた人々で、その現存を、秘めた炎のように大切にしたのです。

キリスト者の第一の責務は、キリストが地上に投じてくださったこの火（ルカ12・49参照）をともし続けることにほかなりません。この火とは何でしょうか。愛です。神の愛、聖霊です。聖霊の火がなければ、預言の力は弱り、悲しみが喜びに取って代わり、愛よりも習慣が横行し、奉仕は隷属となってしまいます。聖体を納めた聖櫃《せいひつ》脇のランプがともっている風景が浮かびます。聖堂から人がいなくなり夜が更けても、聖堂が閉まっていても、聖体ランプはともったまま、火は燃え続けています。だれも見てはいなくても、その火は主のみ前で燃えています。わたしたちの心の中の聖霊も同じです。そのランプのように、いつもともり続けているのです。

『カトリック教会のカテキズム』にも書かれています。「その塗油によってわたしたちの存在全体を満たしておられる聖霊は、キリスト教的祈りを内面から支えてくださる教師であり、祈りの生きた伝承を作り上げてくださるかたです。事実、祈りのしかたは祈る人の数ほど違っています。しかし、すべての人のうちで、すべての人とともに働いておられるのは同じ霊なのです。聖霊と結ばれたキリスト教的祈りが、教会の祈りなのです」(2672)。わたしたちは、祈らなくなったり、祈る気になれなかったり、オウムのように口では祈りを唱えても心がこもっていないことがよくあります。そのようなときこそ、聖霊を呼び求めましょう。「聖霊、来てください。わたしの心を温めに来てください。来て、わたしに祈りを教えてください。御父を、そして御子を仰げるよう導いてください。信仰の道を教えてください。愛し方を教えてください。そして何より、希望に満ちた生き方ができるよう導いてください」。大切なのは、聖霊を呼び続けることです。わたしたちの中に宿ってくださいますようにと。

ですから、教会と世界の歴史を書きつづっているのは聖霊にほかなりません。わたしたちは、このかたが記述してくださるのを待ち望む、開かれたページです。わたしたち一人ひとりにおいて、聖霊は独自の作品を生み出してくださいます。他者とまったく同一であるキリスト者などいないからです。果てしなく広い聖性の畑に、三位の愛である唯一の神が、さまざまなあかしを咲かせておられます。尊厳においてはすべて等しく、けれどもそれぞれが比類のない美をたたえています。神のいつくしみにより、神の子らとされた者めいめいにおいて放たれるよう、聖霊が望まれた美です。どうか忘れないでください。聖霊は今ここにおられます。わたしたちの中におられます。聖霊に耳を傾けましょう。聖霊を呼び求めましょう。聖霊は神がわたしたちに与えてくださったたまものです。ですから、そのかたにこういいましょう。「聖霊、わたしはあなたがどんな顔をされているか分かりません。わたしたちには分かりません。ですが、あなたが力であり、光であり、わたしを前に進ませ、祈り方を教えてくださるかただということを知っています。聖霊、来てください」。「聖霊、来てください」――美しい祈りです。

（二〇二一年三月十七日、教皇公邸書斎からのライブ配信）

マリアとの交わりをもって祈る

愛する兄弟姉妹の皆さん、おはようございます。

今日の講話は、マリアとの交わりをもって祈ることについてです。それが、まさに神のお告げの祭日の前日に巡ってきました。キリスト者の祈りのメインストリートは、イエスの人性であるとわたしたちは知っています。事実、もしみことばが受肉せず、聖霊によって御父との親子の関係をわたしたちに与えてくださらなかったならば、キリスト者の祈りの特徴である信頼関係は意味を失ってしまうでしょう。今日の朗読では、弟子たちと信心深い女性たちとマリアが集まり、イエスの昇天後に祈っていたことを聞きました。これが、イエスのたまもの、イエスが約束されたものを待っている最初のキリスト教共同体の姿です。

キリストは唯一の仲介者、わたしたちが御父に向かうのに渡る橋です（『カトリック教会のカテキズム』2674参照）。唯一のあがない主です。共同贖罪者は存在しません。このかたは最高の仲介者、イエスこそが仲介者なのです。わたしたちが神にささげる祈りはどれも、キリストを通して、キリストとともに、キリストのうちにあり、キリストの執り成しによって実現されるのです。聖霊はキリストの仲介が、あらゆる時代と場所に及ぶようになさいます。ほかのだれの名によっても、わたしたちは救われません（使徒言行録4・12参照）。イエス・キリスト——、このかたのみが神と人間の間の唯一の仲介者です。

キリストという唯一の仲介者によって、キリスト者が祈りや崇敬をささげる他の対象は意味と価値をもつようになります。そのなかでだれよりも重要なのが、イエスの母であるおとめマリアです。

マリアがキリスト者の生活において、それゆえにキリスト者の祈りにおいても特別な存在になっているのは、このかたがイエスの母だからです。東方教会においてしばしばマリアは、御子イエス・キリストという「道を示す」かた、導く女《ホデゲトリア》の型で描かれてきました。思い出すのは、バーリ（訳注：イタリア南部のアドリア海に面した港湾都市。エキュメニカル交流の拠点）のカテドラルにある、古く美しいホデゲトリア型のイコンです（訳注：伝説では七〇〇年ころのコンスタンティノープルでの聖像破壊運動を逃れ、波乱万丈の経緯でバーリにたどり着いたとされている。実際は一五〇〇年ころの複製品）。シンプルな構図で、聖母が裸のイエスを指し示しておられます。後に、裸を覆うために上着が描き足されましたが、もともとイエスは裸で描かれており、マリアは、仲介者であるイエスを指し示しています。このかたはホデゲトリアです。そしてマリアからお生まれになったこのかたが仲介者であることを示しています。このかたはホデゲトリアです。キリスト教の図像の至るところにマリアは描かれていて、非常に目立つこともありますが、いかなる場合もその姿は、御子とのつながりの中に、御子のゆえにあるのです。マリアの手、まなざし、表情は生きた「カテケージス」で、つねに中心点を、中核を、イエスを指し示しています。マリアは完全に、イエスを向いておられます（『カトリック教会のカテキズム』2674参照）。母というよりも弟子といえるほどです。そのことは、カナの婚宴でのマリアのことば、「この人が何かいいつけたら、そのとおりにしてください」からも分かります。マリアはつねにキリストを示しておられます。マリアは筆頭の弟子なのです。

地上での生涯を通してマリアが果たしてこられ、永遠に果たし続けておられる役割は、主のはしためであることにほかなりません。福音書では、ある時点からマリアはほとんど登場しなくなりますが、カナの婚宴のような重要な場面には姿を見せます。マリアの心配りの執り成しのおかげで、御子は最初の「しるし」を行いましたし（ヨハネ2・1―12参照）、ゴルゴタでは十字架の下におられました。

イエスは十字架上での死の間際に、最愛の弟子にマリアを託し、マリアを教会全体の母とされました。そのときからわたしたちは皆、マリアの保護のマントに包まれています。中世のフレスコ画や絵画に描かれているとおりです。（聖母マリアにささげる）最古のラテン語のアンティフォナ、Sub tuum praesidium confugimus, sancta Dei Genitrix（天主の聖母のご保護によりすがり奉《たてまつ》る〔『カトリック教会のカテキズム要約』三〇七頁参照〕）にあるように、聖母は、イエスからわたしたちを託された母として、わたしたち皆を包み込んでおられます。しかしそれは母としてであり、女神としてでもなければ、共同贖罪者でもありません。母としてなのです。キリスト者はその信仰心から、子どもが自分の母親にするように、マリアにつねに美しい称号を与えてきたことは確かです。子どもは大好きな母親に、美辞を尽くしたくなるものです。ですが、気をつけなければなりません。教会や聖人たちがマリアにどれほど賛辞をささげても、キリストが唯一のあがない主であることに変わりはありません。キリストが唯一のあがない主です。賛辞は母親への子どもの愛の表現で、誇張されたものもあります。しかしご承知のように、愛はオーバーになりがちなもので、それも愛ゆえのことなのです。

ですからわたしたちは、マリアへの祈りを福音書の表現で始めます。「恵みに満ちたかた」、「あなたは女のうちで祝福されたかた」です（『カトリック教会のカテキズム』2676

以降参照)。アヴェ・マリアの祈りには、エフェソ公会議で「神の母（テオトコス）」という称号が認められると、すぐにそれが加えられました。そして主の祈りの構造と同じように、賛辞に続き懇願が加わります。その優しさで「今も、死を迎える時も」執り成してくださるよう、わたしたち罪人のために祈ってくださるよう願い求めます。今、人生の現実の中で、そして最期の時に、マリアが——母として、第一の弟子として——永遠のいのちへ移る中にあって、寄り添ってくださるよう願うのです。

マリアは、ご自分の子らがこの世を去るとき、必ずそばにいてくださいます。孤独で、だれからも見捨てられたと感じても、このかたは母であり、すぐそばにおられます。だれもが御子を見捨てたときに、御子のそばにおられたように。

マリアは、パンデミックに見舞われたこの日々の中にもおられ、今もいてくださいます。不幸にも、隔離されたまま最愛の人に看取られることなく、この世の旅を終える人に寄り添っておられます。マリアはいつも、母の優しさをもって、わたしたちのすぐそばにいてくださいます。

マリアにささげる祈りが、徒労に終わることはありません。天使の招きをすぐに受け入れたかた、「はい」とこたえたこの女性は、わたしたちの願いにもこたえてくださり、わたしたちの声に耳を傾けてくださいます。口にする力なく、心に押し込んだままの声も――その声を、わたしたち以上に神はよく知っておられます――聞いてくださいます。母として聞いてくださいます。よい母親のように、そしてそれ以上に、マリアはわたしたちを危険から守り、わたしたちのことを案じておられます。わたしたちが自分のことばかり考え、道が分からなくなり、自分の健康ばかりか救いをも危うくしてしまうときにもです。マリアはそこにおられ、わたしたちのために祈ってくださいます。祈らない人のためにも祈っておられます。なぜでしょう。わたしたちの母だからです。

（二〇二一年三月二十四日、教皇公邸書斎からのライブ配信）

聖人たちとの交わりをもって祈る

愛する兄弟姉妹の皆さん、おはようございます。

今日は、祈りと、聖人たちとの交わりの関係について考えたいと思います。祈っているとき、実はわたしたちは、自分だけで祈っているのではありません。自覚はなくとも、わたしたちは、先人たちと後継の人々の祈りの大河に浸っているのです。

聖書にある祈り、典礼で何度も響き渡る祈りには、はるか昔の出来事、驚くべき解放、捕囚とその悲惨な生活、感動的な帰還、被造物の驚異の前でほとばしる賛美の声……、そうしたものが刻まれています。それらの声は、個人の体験と、民と人類――わたしたちはそこに属しています――の体験の間で絡み合いながら、世代から世代へと受け継がれていきます。自分の過去や己の民族の歴史から、自分を切り離すことのできる人はいません。必ず、習慣としてその遺産を引き継いでおり、祈りもまた同じです。賛美の祈りには、なかでも、小さくされた人々、謙虚な人々の心に咲いた賛美の祈りには、マリアが親戚のエリサベトを前にして神にささげた賛美の歌（マニフィカト）や、幼子イエスを腕に抱いた老シメオンの歓声、「主よ、今こそあなたは、おことばどおり、このしもべを安らかに去らせてくださいます」（ルカ2・29）が、何らかのかたちでこだましているのです。

祈り――、よい祈りには「普及性」があります。ソーシャルメディアに投稿しようがしまいが広がり続けます。病室からも、楽しい集まりからも、黙って苦しむ人々からも広がっていきます。一人ひとりの苦しみは皆の苦しみであり、だれかの幸せは、ほかの人の心に伝わります。苦しみと幸せは一つの歴史の一部であるとともに、各人の人生という物語を形づくるストーリーです。物語を自分自身のことばで追体験しているとしても、経験は同じものです。

祈りはつねに生き直されます。手を合わせ、神に心を開くたびに、自分が、名もなき聖人、そして名の知られた聖人の群れに加わっていることに気づきます。わたしたち人間の冒険を終えた先輩である兄や姉として、わたしたちとともに祈り、わたしたちのために執り成している人々です。教会には、孤独なままの死の嘆きはありませんし、忘却の淵で流す涙はありません。すべてが息づき、一つの共通の恵みにあずかっているからです。古い教会において、まるで先人の群れも、つど感謝の祭儀に参加しているとでもいうように、教会堂の周囲の庭に埋葬がなされたのは偶然ではありません。そこには、わたしたちの親も、祖父母も、代父母も、要理の先生も、ほかの先生たちもいます。わたしたちが受け取ったのは、引き継がれ、伝えられてきた信仰です。信仰とともに、祈り方、祈りそのものも伝えられてきました。

聖人たちは、今もここにいます。はるか彼方にいるのではありません。教会において彼らの存在は、わたしたちをいつも囲んでいる「証人の群れ」を思わせます（ヘブライ12・1参照）。わたしたちは先ほど、ヘブライ人への手紙の一節の朗読を聞きました。聖人たちは証人で、あがめる対象ではなく――もちろん、わたしたちは聖人をあがめません――、崇敬する対象です。彼らは、無数のさまざまなしかたで、唯一の主にして、神と人間との間の唯一の仲介者である、イエス・キリストへとわたしたちを引き戻します。あなたに、イエス・キリストを見よといわない聖人は聖人ではありませんし、キリスト者ですらありません。キリスト者として人生を歩んできたからこそ、聖人はあなたにイエス・キリストを思い起こさせるのです。聖人たちは、わたしたちのような、ぶざまで罪にまみれた人生の中にも、聖性が花開くことを思い出させてくれます。福音書に登場する、最初の「列聖された」聖人は盗賊でした。しかも「聖人の列に加えた」のは、教皇ではなくイエスご自身です。聖性は人生の歩みであり、イエスとの出会いの道です。聖性の道は、長くとも短くとも、たとえ一瞬であっても、必ずあかしとなります。聖人とは、イエスと出会った人の、イエスに従った人のあかしなのです。恵みに富み、いつくしみは大きい主（詩編103・8参照）へと回心するのに遅すぎることはありません。

『カトリック教会のカテキズム』が説明しているように、聖人は、「神を直観し、神をたたえ、この世に残る人々のことをたえず配慮しています。……これらの人の執り成しというのは、神の計画をお手伝いするための最も崇高な行為です。わたしたちは聖人たちがわたしたちや全世界のための執り成しをしてくださるようにと祈ることができるし、またそう祈らなければなりません」（2683）。この世から召された人々と、この世を旅するわたしたちの間には、キリストにおいて神秘的な連帯があります。今は亡き愛する人々は、天からわたしたちを見守り続けています。彼らはわたしたちのために祈り、わたしたちは彼らのために祈ります。そして、彼らとともにわたしたちは祈るのです。

わたしたちと聖人との間の祈りを通したこのきずな、つまり、わたしたちと、すでにいのちの充満に至った人々との間のこのきずなを、わたしたちはすでにここで、この地上で体験しています。わたしたちは互いのために祈ります。祈ってくれるように祈りをささげます。だれかのために祈る際に最初にすることは、その人について神に話すことです。それを何度も、毎日すれば、わたしたちの心は、兄弟姉妹に対して閉ざされず、開いたままでいられます。他者のために祈ることは相手を愛するための最初のステップであり、実際に寄り添うようわたしたちを突き動かします。争いの中にあって、それを解消する方法、沈める方法は、敵対している相手のために祈ることです。祈りによって何かが変わります。最初に変わるのは、自分の心、自分の態度です。出会いを実現させるため、主が変えてくださいます。それは新たな出会いであり、争いが終わりのない戦争にならないようにするものです。

苦境に立ち向かう第一の方法は、兄弟姉妹に、なかでも聖人たちに、わたしたちのために祈ってくださいと頼むことです。洗礼のときに授かった名前は、ブランドタグでもお飾りでもありません。多くはマリアや聖人の名ですが、彼らは、いのちの限り「手を差し出すこと」を、わたしたちがいちばん必要としている神からの恵みを得るために手を貸すことを、ただひたすら待っているかたがたです。もし、耐えられないような人生の試練を迎えずにいられたなら、どうにか耐えることができたなら、何が起きても信頼をもって進めたなら、おそらくそれはすべてわたしたち自身の功績ではなく、多くの聖人たち――一部は天にいて、他の人はわたしたちと同じように地上を旅しています――の執り成しのおかげです。聖人たちは、わたしたちを守り寄り添ってくれます。ご存じのように、聖徒たちが、聖性のうちに生きる聖なる人々がこの地上にもいます。彼ら自身に自覚がなくても、周囲もそれに気づかずとも、日常の聖人が、目立たぬ聖人が、あるいは、わたしたちと生活をともにし、一緒に働き、聖性にあふれた暮らしを送る、「身近な聖人」ともいえる人たちがいるのです。

さあ、地上に住まう聖人たちと、その人生を神への賛歌とした聖人たち、百花繚乱的に現れた聖人とともに、唯一の世の救い主であるイエス・キリストをたたえましょう。聖バジリオ（三三〇頃―三七九年）のことばにあるように、「聖霊はまさに聖人たちの場であり、聖人も聖霊にとっての固有の場です。聖人は神の住まいとなり、神の神殿と呼ばれるからです」（『聖霊論』26、62：PG［*Patrologia Graeca*］32, 184A、『カトリック教会のカテキズム』2684参照）。

（二〇二一年四月七日、教皇公邸書斎からのライブ配信）

教会——祈りの師

愛する兄弟姉妹の皆さん、おはようございます。

教会は、祈りの大いなる学びやです。わたしたちの多くが、親や祖父母の膝の上で、最初の祈りのことばを覚えました。寝る前の祈りを教えてくれたお父さんやお母さんのことを懐かしく思い出すこともあるでしょう。親が子どもの打ち明け話を聞いて、福音をヒントにアドバイスをするような、潜心のひとときも数多くあったことでしょう。また、成長していく過程には、ほかにも祈りのあかし人や先生との別の出会いもあります（『カトリック教会のカテキズム』2686―2687参照）。それらを覚えておくとよいでしょう。

小教区とそれぞれのキリスト教共同体の生活は、典礼と共同体の祈りを節目として時を刻んでいます。子どものころに無邪気に受け取った贈り物は、大いなる遺産、豊かな遺産であること、そして、祈りの経験はよりいっそう深めるにふさわしいものであることに、わたしたちは気づくようになります（同2688参照）。信仰という身にまとうものは、糊《のり》づけされて固まっているのではなく、わたしたちに合わせて伸びていきます。凝り固まったものではなく、危機や立ち直りの時を経ることで成長していきます。それどころか、危機がなければ成長できません。危機は、あなたを成長させるものです。危機の経験は、成長に必要な機会です。そして、信仰の呼吸は祈りです。祈りを覚えるほどに、わたしたちの信仰は成長します。人生でいろいろな経験をして気づくのは、信仰がなければそれらは乗り越えられなかっただろうということ、そして、祈りこそが自分の力だったということです。本人の祈りだけでなく、兄弟姉妹の祈り、寄り添い支えてくれる共同体の祈り、自分たちのことを知る人たちの祈り、自分たちのために祈ることを頼まれた人の祈りです。

それゆえに教会では、もっぱら祈りに献身する共同体やグループが活躍しているのです。祈りを、自分の日々の大事な仕事とする召し出しを受け取るキリスト者もいます。教会には観想修道院、隠修院など、神に自身を奉献した人々が暮らす修道院があり、それらは多くの場合、霊性の光源となっています。霊的な光を放つ、祈りの共同体です。小さなオアシスですが、熱心な祈りがともにささげられ、兄弟的交わりが日々築かれています。そうした修道院は、教会組織にとってばかりか、社会全体にとってもなくてはならない細胞です。たとえば、欧州文化やその他文化の誕生と発展に、観想修道院が果たした役割について考えてみましょう。共同体で祈り労働することが、世界にとっての推進力となっています。機動力なのです。

教会では、すべてが祈りから生まれ、すべては祈りにより成長します。敵である悪魔が教会に戦いを挑む際には、まず祈りから引き離して、教会の源泉を枯渇させます。たとえば、教会を改革しよう、教会の生活を変革しようと結託する集団に、そうしたことが見受けられます。そうした団体が存在し、それを皆に伝えるメディアがありますが、祈りが見えてきません。祈りがありません。「○○を変えなければならない。難しいが決断しなければならない」などといいます。こうした提案は興味深いものです。話し合う分には、メディアが伝えるだけなら興味深いのですが、一体祈りはどこにいったのでしょう。祈りは聖霊への扉を開くもので、聖霊が先へとわたしたちを後押ししてくれます。祈りのない教会の変革は、教会による変革ではなく、一部の集団による変革です。先ほどいったように、敵が教会に争いをしかける際には、まず教会がくむ泉を枯らし、祈らなくさせ、（そのうえで）、こうした提案をするのです。祈りをしなくなっても、惰性によって、しばらくは何も変わらずに事が運んでいるように思えますが、教会はすぐに気づきます。教会が抜け殻のようになっていることに、支柱を失ってしまったことに、ぬくもりと愛の源泉を失ってしまったことに。

聖人たちは、ほかの人たちよりも楽な人生を送っているわけではありません。彼らだって逃れられない問題を抱えていますし、さらに、敵意を向けられることも少なくありません。それでも、彼らの力となるのは祈りです。母なる教会のくみ尽くせない「井戸」から、つねに祈りをくみ出しています。ともし火を燃やす油のように、彼らは祈りによって信仰の炎を燃え立たせます。そして、信仰と希望のうちに歩み続けます。聖人たちは、世の目には取るに足らない者として映りがちですが、実際には彼らが世を支えているのです。お金や権力、マスメディアといった武器によってではなく、祈りという武器によってです。

ルカ福音書でイエスは、いつもわたしたちを悩ませる、迫真の問いを投げかけています。「人の子が来るとき、果たして地上に信仰を見いだすだろうか」(18・8)。人の子が見いだすのは、チャリティ活動をする、非常によく組織された、「信仰請負人」集団のような組織だけなのでしょうか、それとも信仰を見いだすのでしょうか。「人の子が来るとき、果たして地上に信仰を見いだすだろうか」。この問いは、辛抱強く、忍耐をもって祈り続ける必要を説くたとえ話(同1―8節参照)を締めくくるものです。ですから信仰のともし火は、祈りの油が尽きないかぎり、つねに地上にともり続けると結論づけられます。教会の真の信仰のともし火は、祈りの油があるかぎり、地上にともり続けます。それは、信仰を持続させ、わたしたちの貧しく、弱く、罪深い人生を歩ませるものですが、祈りはそれを確かなものにします。キリスト者は自らに問うべきです。わたしは祈っているだろうか。どのように祈っているだろうか。オウムのように繰り返すだけなのか。それとも心で祈っているのか。どのように祈っているだろうか。教会にある自分でいられるようにと祈り、教会とともに祈っているだろうか。それとも、少なからず自分の意見を祈りにあてがって、意見表明を祈りとしてはいないだろうか。それは異教徒の祈りであって、キリスト者の祈りではありません。繰り返しますが、信仰のともし火は、祈りの油が尽きないかぎりつねに地上にともり続ける、そう結論づけられるのです。

　ですから教会に欠かせない務めは、祈ることであり、祈りを教えることです。祈りの油をもって、信仰のともし火を世代から世代へと引き継ぐためにです。光をもたらす信仰のともし火は、物事をあるべき姿に整えますが、それは祈りという油があってこそのことです。それがなければ、ともし火は消えてしまいます。このともし火の明かりがなければ、わたしたちには福音宣教の道が分かりません。それどころか、しっかり信じるための道も見つけられず、そばに行って仕えるべき兄弟姉妹の顔も見えません。共同体で集まる部屋も暗いままです。信仰がなければ、何もかも崩れてしまいます。祈りがなければ信仰は消え失せます。信仰と祈りはセットです。セットである以外ありません。だからこそ、交わりの家であり学びやである教会は、信仰と祈りの家であり学びやなのです。

（二〇二一年四月十四日、教皇公邸書斎からのライブ配信）

声に出して唱える祈り——口禱

愛する兄弟姉妹の皆さん、おはようございます。

祈りは神との対話です。そして、あらゆる被造物は、何らかのかたちで神と「対話していますタ。祈りは、人の中でことばとなり、呼びかけとなり、賛歌となり、詩となります。みことばは人の肉を取られます。そして、それぞれの人の肉の中で、祈りによってことばは神へと向かうのです。

ことばはわたしたちが生み出すものですが、わたしたちの母でもあり、ある意味でわたしたちを形づくるものでもあります。祈りのことばは、詩編が教えているように、死の陰の谷を無事に抜けさせ、青草の原と豊かな水に向かえるようにしてくれ、わたしたちを苦しめる者を前にしても宴《うたげ》にあずからせてくれます（詩編23参照）。ことばは思いから生まれますが、逆もまた然《しか》りです。ことばが思いを形づくるのです。すべてはことばによって明らかにされ、およそ人間にかかわることはすべてえり分けられず、包み隠されることのないようにと、聖書は人間に教えます。とくに痛みは、それに蓋《ふた》をして、心に押しとどめておくと危険です。表に出せず、吐露されずに、奥にしまい込まれた痛みは、魂を蝕《むしば》みます。いのちにかかわります。

だから聖書は、過激なことばになろうとも、それでも祈るよう教えています。聖書作者は、人間についてわたしたちに偽りを伝えるつもりはありません。人の心の中には、粗野な思いが、憎しみさえもあることを知っています。聖人として生まれる人などいません。これらの悪い思いが心の扉をたたいたら、祈りとみことばによってそれを鎮められるようにならなければなりません。詩編には、敵に対する辛辣《しんらつ》な表現もあります。霊性の師が教えるそれらの表現は、悪魔とわたしたちの罪を指すものですが、それらは人間の現実の一部であり、それが聖書に記されたのです。それらは、暴力を前に、よこしまな思いの攻撃性を抑えることば、相手を害さないよう軌道を修正させることばがなければ、世界は完全に沈んでしまうと伝えるため、そこに記されているのです。

人間の最初の祈りはつねに、口に出して唱えるものです。必ず先に唇が動きます。祈ることはことばを繰り返すことではないとは皆分かっていますが、口禱《こうとう》はもっとも確かで、どんなときにもできる祈りです。それに対して、どんなに崇高であっても、思いはつねに不確かなものです。思いは去来し、わたしたちを離れてはまた戻ってきます。それだけではありません。祈りの恵みもまた予測できないものです。深い慰めが得られるときもあれば、何もかも失われたように思える暗黒の日々もあります。心での祈りは謎めいていて、時に秘められたままです。しかし口に出す祈り、小声で唱えたり一斉に唱えたりする祈りは、いつでも実行可能で、単純労働のように、欠くことのできないものです。これについて、『カトリック教会のカテキズム』は次のように教えています。「口禱は、キリスト教的生活には欠くことのできないものです。イエスの沈黙の祈りに引きつけられた弟子たちに、イエスは「主の祈り」という一つの口禱を教えられます」(2701)。「祈りを教えてください」と弟子たちがイエスに願い、イエスは一つの口禱、「主の祈り」を教えてくださいます。そしてこの祈りには、いっさいが含まれています。

耳がよく聞こえなくなったためか、(ミサの間) 幼いころに覚えた祈りを静かに唱えている高齢者の謙虚さを、皆が見習うべきです。教会の身廊は彼らのささやき声で満たされています。その祈りは沈黙を乱さず、かえって、祈りの務めに対する忠実さをあかししています。生涯にわたって続けられ、怠ることはありません。こうした謙虚な祈りの祈り手が、しばしば小教区の偉大な執り成し手となります。彼らは、多くの人に木陰を作るため、何年もかけて枝を広げる樫《かし》の木です。いつ、そしてどれほど、彼らの心と彼らの唱える祈りが一致しているかは、神だけが知っておられます。彼らにも、暗夜やむなしいときがあったに違いありません。それでも人は、口禱を実直に実践し続けることができます。それは錨《いかり》のようなものです。何があろうとも、そこに忠実にとどまるために、しがみつく鎖です。

有名な霊性の書に記されているロシア人巡礼者の堅忍を、わたしたち皆が見習うべきです。この人は、同じ祈りを何度も何度も唱えることで、祈りのすべを身に着けました。「イエス・キリスト、神の御子、主よ、罪人であるわたしたちをあわれんでください」（『カトリック教会のカテキズム』2616、2667参照）。ひたすらこの祈りを繰り返しました。その人生に恵みがもたらされたのなら、わたしたちの間にみ国の到来を感じるほど熱い祈りとなったのなら、そのまなざしが幼子のまなざしのようになったのなら、それはその人が、キリスト教のシンプルな射禱《しゃとう》をひたすら繰り返したからです。最後には、その祈りは彼の呼吸の一部となるのです。このロシア人巡礼者の話は、美しい話です。手に入る本ですから、ぜひ読んでみてください（邦訳は、A・ローテル、斎田靖子訳、『無名の順礼者――あるロシア人順礼者の手記』エンデルレ書店、一九九五年。ただし入手は困難）。お勧めです。口禱の理解に役立つでしょう。

ですから、口に出して唱える祈りを軽視してはなりません。「ああ、それは子どもや、学のない人たち向けの祈りですよ。わたしは、念禱、黙想に努め、神が自分のもとに来てくださるよう、無心の境地を目指しているのです」という人がいます。口禱を軽視する高慢に陥ってはなりません。それは、イエスが教えてくださった、素直な者たちの祈りです。「天におられるわたしたちの父よ……」。わたしたちが唱えることばは、わたしたちの手を引いて、何かをきっかけにわたしたちの感覚を呼び覚まし、心の中で眠り込んでいたものさえも呼び戻してくれます。忘れていた気持ちを思い出させてくれ、神と出会う経験へと、手を取って導いてくれます。まさに、神が聞きたいと願っている請願を、確実に神に伝える唯一の方法です。イエスはわたしたちを、うやむやなままに放ってはおきませんでした。「祈るときには、こう祈りなさい」といってくださいました。そして、「主の祈り」を教えてくださったのです（マタイ6・9参照）。

（二〇二一年四月二十一日、教皇公邸書斎からのライブ配信）

黙想

愛する兄弟姉妹の皆さん、おはようございます。

今日は黙想《メディテーション》という祈りのかたちについてお話ししたいと思います。キリスト者にとって「黙想する」とは、融合《ジンテーゼ》を追求することです。すなわち、神の啓示の優れた書の前に身を置き、それを十分に咀嚼《そしゃく》して、自分のものにしようとすることです。そしてキリスト者は、みことばを受け入れたなら、それを自分の中だけにとどめてはおきません。みことばは、カテキズムが「生活の書」と称する「もう一冊の書」と出会うからです（『カトリック教会のカテキズム』2706参照）。みことばを黙想するたびにわたしたちがしようとしているのは、そういうことです。

瞑想《メディテーション》は近年、非常に注目されています。黙想《メディテーション》について語るのはキリスト者だけではありません。瞑想行為のようなものは、世界のほとんどの宗教にあります。それどころか、宗教を信じない人の間にも浸透しています。わたしたちは皆、瞑想し、省み、自分自身を取り戻さなければなりません。それが人間の原動力です。貪欲な西欧社会では、なおのことメディテーションが求められていますが、それは、日々のストレスや、蔓延する空虚感から自分を守ってくれるものとなるからです。瞑想のスタイルで座り、静かに、半分目を閉じた老若男女の姿がそここにあります。いったい、何をしているのでしょう。黙想《メディテーション》しているのです。これは好ましい現象です。事実わたしたちは、走り続けるよう造られたのではありません。わたしたちには、決して押し殺してはならない内的生活があるのです。だからメディテーションは、すべての人にとって必要なことなのです。瞑想／黙想とは、いわば立ち止まること、人生の中で一息つくことです。

一方、このことばがキリスト教においては、決して欠くことのできない独自性を帯びるようになります。メディテーションは人間にとって必要な一面ではありますが、キリスト教では、黙想はそれ以上のものになります。つまり、なくてはならない部分となるのです。洗礼を受けた人の祈りが通る偉大な門は、イエス・キリストです。これを今一度思い起こしてください。キリスト者にとっては、黙想が、イエス・キリストという門を通る入り口になります。黙想行為も、この道をたどるものなのです。キリスト者は祈るときに、自分をいっさい曇りのないものにしようとするのでもなく、自我の最奥の中核を追求するのでもありません。そうしたことがあってもよいのですが、キリスト者は別のものを求めています。キリスト者の祈りとは何よりも他者との出会い、そのみ名が大文字で始まる、他なるかたとの出会い、つまり神との超越的な出会いです。もし、祈りが心の平安や、自制心をもたらし、進むべき道をはっきりさせるなら、それは、イエスとの出会いであるキリスト者の祈りがもたらした、恵みの副産物といえるでしょう。黙想することは、聖書のことばや一節に導かれてイエスに会いに行くことです。

「メディテーション」という語は、歴史の中でさまざまな意味を獲得してきました。キリスト教においても、それはさまざまな霊的経験を指します。ですが、いくつかの共通点を見いだすことができます。これについても『カトリック教会のカテキズム』が助けとなります。「黙想の方法は霊性の師の数ほど多様です。……しかし、方法というものは手引きにすぎません。肝要なのは、イエス・キリストという祈りの唯一の道を、聖霊に導かれてたどることです」(2707)。ここに、旅路の同伴者、わたしたちを導いてくれるかた、聖霊が示されています。キリスト者の黙想は、聖霊なしにはありえません。イエスとの出会いへとわたしたちを導いてくれるのは、聖霊にほかなりません。イエスは教えてくださいました。「わたしはあなたがたに聖霊を遣わす。聖霊があなたがたに教え、示してくれる。あなたがたに教え、あなたがたに示してくれる」。黙想においても聖霊は、わたしたちをイエス・キリストとの出会いへと進ませてくれる導き手です。

ですから、キリスト教の黙想にはさまざまな方法があります。とてもシンプルなものもあれば、より綿密なものもあります。人の知的側面に焦点を当てるものもあれば、情緒的、感情的な面を強調するものもあります。それらはあくまでも方法です。信仰体験が人間にとって欠かせない行為となることに役立っているかぎり、それらはどれも重要で、実践する価値のあるものです。人は心だけで祈るのではありません。その人のすべてで祈っています。全身全霊で祈っています。気持ちだけで祈るのではありません。昔の人は、祈るための器官は心臓だといっていました。そうして、人間の中心、心臓――から始まるものの、神との交わりに入るのはその人全体であって、一部の機能だけではないと彼らは説きました。ですから、方法は道でありゴールではないことを、決して忘れてはなりません。どの祈りの方法も、それがキリスト者の祈りであるならば、「キリストに従う（Sequela Christi）」一つのかたちです。キリストに従うことこそが、わたしたちの信仰の真髄です。黙想の方法の数々は、イエスとの出会いに至るために行く道の数々です。途中で止まって道を眺めたりしているだけでは、決してイエスには出会えません。その道を絶対だと思ったとしても、道はあなたをイエスへと導くための手段です。『カトリック教会のカテキズム』には次のように明記されています。「黙想をするときには、思考、想像、感情、および望みを働かせます。このようにあらゆる機能を働かせることは、信仰の確信を深め、回心を促し、キリストに従う意志を強めるために必要です。キリスト教的祈りというものは、……「キリストの諸神秘」の黙想に専念するものです」(2708)。

そうなのです。キリストははるか遠くにおられるのではなく、いつも、わたしたちと交わっておられる、それこそがキリスト者の祈りがもたらす恵みなのです。神にして人間であるかたのペルソナに、救いも幸せももたらさないような面などありません。イエスの地上の生涯のあらゆる瞬間が、祈りの恵みにより、導き手である聖霊のおかげで、わたしたちのこの時代のものとなるのです。ですがご存じのように、聖霊の導きがなければ祈ることはできません。聖霊が導いてくださるのです。そして聖霊のおかげでわたしたちも、イエスが洗礼を受けるために身を浸しておられるとき、そのヨルダン川にいるのです。イエスが新婚夫婦の幸せのためによいぶどう酒を出しておられるとき、わたしたちもまたそのカナの婚宴の客としてそこにいます。聖霊が、キリストの生涯のこれらの神秘に、わたしたちを結びつけてくれるのです。イエスをじっと見つめることで、イエスとさらに結ばれる祈りの経験をするからです。わたしたちもまた、師なるかたの無数のいやしのわざに、驚きをもって立ち会っているのです。福音書を手に取り、福音が語るそうした不思議のわざについて黙想します。すると聖霊が、その時のその場に導いてくれます。そしてわたしたちは皆、祈りにおいて、いやされた重い皮膚病の人、視力を取り戻した盲目のバルティマイ、墓からよみがえったラザロと同様なのです。盲目のバルティマイがいやされたようにわたしたちも祈りの中でいやされ、重い皮膚病の人も同じことで……、ラザロが復活したようにわたしたちも復活するのです。聖霊によって導かれる黙想の祈りは、キリストの生涯におけるこれらの神秘を追体験し、キリストと会ってあの目の不自由な人と一緒にこういうよう、わたしたちを導くからです。「主よ、わたしをあわれんでください。あわれんでください」。「どうしてほしいのか」。「見えるようになりたいのです。その対話に加わりたいのです」。聖霊によって導かれるキリスト者の黙想は、イエスとのこうした対話へとわたしたちを導くものなのです。福音書には、わたしたちの居場所のない箇所はありません。わたしたちキリスト者にとって、黙想はイエスと出会う方法です。ですからそれによって、それによってのみ、自分自身を再び見いだせます。しかしそれは、自分の中に閉じこもることではありません。イエスのもとに行き、イエスによって自分自身を見いだし、いやされ、新たないのちを与えられ、イエスの恵みによって強められるのです。ですからすべての人――わたしもです――の救い主であるイエスに会うことです。そしてそれは、聖霊の導きのおかげなのです。

（二〇二一年四月二十八日、教皇公邸書斎からのライブ配信）

観想的な祈り——念禱

愛する兄弟姉妹の皆さん、おはようございます。

祈りに関する連続講話を進めていきましょう。今回は、観想的な祈り（念禱《ねんとう》）について考えたいと思います。

人間の観想的な側面——これが即、念禱なのではありませんが——は、わたしたちの日常を味わい深くする、いわば生活の「塩」のようなものです。わたしたちは、朝に昇る太陽や、春に芽吹く木々を眺めたり、音楽や鳥のさえずりを聞いたり、本を読んだり、芸術作品や、傑作すなわち人間の姿を見つめることを通して、観想します。司教としてミラノに派遣されたカルロ・マリア・マルティーニ（後に枢機卿。一九二七—二〇一二年）は、最初の司牧書簡を「生活の観想的側面」というタイトルにしました。実に、大都市の住人、つまりすべてが人工的（といってもよいでしょう）で、機能性ばかりを追求する場所に住む人は、観想する力を失うおそれがあります。観想とは、そもそも、何かのやり方というよりはあり方です。観想的である、ということなのです。

観想的であることとは、目にではなく心に属することです。そしてそこでは、信仰と愛の行為として、神との結びつきの「呼吸」として、祈りが関連してきます。祈りは心を清め、それによってわたしたちのまなざしを照らし、現実を別の目で捉えられるようにします。『カトリック教会のカテキズム』は、祈りによってこのように心が変化することについて、アルスの主任司祭の有名なことばを引用して説明しています。「念禱とは、イエスへと注ぐ信仰のまなざしです。聖なる主任司祭がいたころ、聖櫃《せいひつ》の前で祈っていたアルスの農夫は、「わたしはあのかたを見つめ、あのかたはわたしを見つめておられます」と話していました。……イエスのまなざしの光はわたしたちの心の目を照らし、あらゆることをご自分の真理とすべての人に対するご自分のあわれみとに照らして眺められるようにと教えてくれます」(2715)。すべてはそこから、つまり、愛をもって見守られていると感じる心から生じます。そうして、現実は異なる目で眺められるのです。

「わたしはあのかたを見つめ、あのかたはわたしを見つめておられます」。これこそが愛に満ちた観想であり、ことばを重ねる必要のない、もっとも親密な祈りの特徴です。見つめるだけでよいのです。わたしたちのいのちは、何によっても引き離されはしない、大きな忠実な愛に包まれていると確信するだけでよいのです。

イエスは、このまなざしの師でした。イエスの人生は、避けることのできない試練によって台なしにされるのではなく、その美しさをそのままに保つための、時間、場所、沈黙、愛の交わりを欠いたことがありません。その秘訣は、天におられる御父との結びつきにありました。

変容の出来事について考えてみましょう。福音書は、イエスの公生活における重大な局面にこの話を据えています。反対や批判が周囲で激しくなっていたときのことです。弟子の中にも、イエスのことが理解できず、去って行く者が多くいました。十二使徒の一人は、裏切りをたくらんでいました。イエスは、エルサレムで待ち受けている苦しみと死のことを公に話し始めていました。そうした中で、イエスはペトロ、ヤコブ、ヨハネを連れて高い山に登られます。マルコによる福音書には次のように記されています。「イエスの姿が彼らの目の前で変わり、服は真っ白に輝き、この世のどんなさらし職人の腕も及ばぬほど白くなった」（9・2―3）。だれにも理解してもらえないとき――人々はイエスのもとを去り、理解できずに離れていきました――、だれにも分かってもらえないとき、無理解という渦によってすべてがかすんでしまったかのようなときにこそ、神の光が輝くのです。御子の心を満たし、イエスのすべてを変容させるものこそ、御父の愛の光なのです。

過去の霊性の師の中には、観想を活動とは対極のものとして捉え、祈りに専念するために、世やその問題から離れる召命を称賛する人もいました。実際には、イエス・キリストにあっては、ご自身としても、福音書でも、観想と活動が相反することはありません。福音書を見れば、イエスにあっては両立しています。新プラトン主義の哲学者の影響かもしれませんが、そうした二元論は、キリストのメッセージとはまったくの別物です。

福音書にある重要な召し出しはただ一つです。イエスに従い愛の道を歩みなさいというものです。それこそが頂点であり、すべての中心です。ですから、愛のわざと観想は、同義語であり、同じことを指しています。十字架の聖ヨハネは、純粋な愛によるささやかな行いは、他の活動のすべてを合わせたものよりも、教会にとって有意義であると述べています。エゴの思い上がりからではなく、祈りから生まれるもの、謙虚さによって清められているものは、仮にそれが人目につかない無言の愛の行為であっても、キリスト者がなしうる最大の奇跡です。「わたしはあのかたを見つめ、あのかたはわたしを見つめておられます」。これこそが、念禱の道です。イエスとの沈黙の対話の中にあるこの愛の行為は、教会にとって大いに役立つものです。

（二〇二一年五月五日、教皇公邸書斎からのライブ配信）

祈りという闘い

愛する兄弟姉妹の皆さん、おはようございます。

（訳注：新型コロナウイルス感染拡大予防措置のため、二〇二〇年十一月四日の回より、水曜日の一般謁見は再度ライブ配信となっていたが、この回より、参加人数を制限したうえで、教皇公邸のサンダマソの中庭で開催されることとなった）

皆さんとまたじかにお会いできて、とてもうれしいです。実のところ、だれもいないところでカメラに向かって話すのはよいものではありません。好きではありません。ようやく、数か月ぶりに、再びこうして集うことができました。「いやもう、ここでやりましょう」、そういってくださった、サピエンツァ神父さん（訳注：教皇公邸管理部の室長代理）の英断のおかげです。モンセニョール・サピエンツァ、ブラボー！　こうして、人々に会い、皆さんに会い、お一人おひとりそれぞれに人生がある皆さんに、いろいろなところから来てくださって、イタリア、アメリカ合衆国、コロンビア、そして確か、そのあたりにいるでしょうか、スイスから来られた、少年少女サッカーチームの四兄弟にも……。妹さんがまだいないようですね、間に合うとよいのですが。ともかく、皆さん一人ひとりと会えて、とてもうれしいです。わたしたちは皆、主にあって兄弟姉妹であり、互いに顔を合わせることは、互いのために祈る助けとなるからです。遠くにいるのに、いつも来てくださる人もいます。ルナパーク（訳注：遊園地）のシスター・ジュヌヴィエーヴ（訳注：シャルル・ド・フコーの会に属し、オスティアにある遊園地の従業員とともにノマド生活を送る修道女）や従業員の皆さんのことも忘れてはいけませんね。大勢の皆さんがここにいます。ご参加いただき、赴いてくださり、ありがとうございます。教皇のメッセージを持ち帰って、みんなに伝えてください。わたしはすべての人のために祈ります、だから、わたしのために祈ってください、祈りによって結ばれてください、――これが教皇のメッセージです。

さて、祈りについてですが、キリスト者の祈りは、キリスト者の人生の歩みと同じく、ただの「お散歩」ではありません。聖書や教会の歴史の中に登場する優れた祈り手で、「気楽な」祈りをしていた人はいません。もちろん、オウムのようにペラペラペラペラ祈ることはできますが、それは祈りではありません。確かに、祈りは深い平安をもたらしますが、内的な闘いを経るものです。それは往々にしてつらく、人生の長い期間に及ぶことさえあります。祈りは楽なことではないので、わたしたちは祈りを敬遠してしまいます。祈ろうとすると、すぐに別の用事を思い出し、その瞬間には、その用事のほうが大切で急務であるかのように思ってしまいます。わたしもそうです。少し祈ろうとすると、途端に、いや、これもしないと、あれもしなければと思ってしまうのです。祈りから逃げてしまいます。なぜだか分かりませんが、そういうものです。祈りを後回しにした後には大抵、それらの用事はまったく重要ではなかった、時間を無駄にしてしまったと気づきます。敵である悪魔は、このようにわたしたちを欺くのです。

信心深い人は皆、祈りの喜びだけでなく、祈りによる倦怠感や疲れのことも伝えています。聖人の中には、祈りの時間や祈り方を崩さずにいるのが、苦しい葛藤である場合もあります。何年もの間、満足を得られず、祈りに力があると思えないまま、祈り続けた人もいます。沈黙、祈り、そして精神の集中は、実践が難しいものです。時には人間の本性が妨げとなります。教会の椅子に座って祈るよりも、世界のどこか別の場所にいたいと思ってしまいます。祈ろうとする人は、信仰は楽なものではなく、何の手掛かりもなしに、ほぼ漆黒の闇の中を進むこともあるのだと、心に刻まなければなりません。信仰生活には、暗闇のようなときもあります。何も聞こえないので、そうしたときを「暗夜」と呼ぶ聖人もいます。それでも、わたしは祈りを続けます。

『カトリック教会のカテキズム』は、祈りを困難にし苦しめる、祈る人にとっての敵をいくつも挙げています（2726－2728参照）。祈りは本当に全能の神に届いているのかと疑う、という敵もいます。なぜ神は沈黙しておられるのか、神が全能ならば、ほんの一言発してくださればこの件は終わりになるのに、というようにです。神のことは把握できない、そのことに直面し、祈りは心理的操作にすぎないとの不信を抱く、という敵もいます。役に立つかもしれないが、真実でもなければ、必要なものでもないというようにです。さらには、信じてはいないのにただ祈る、という態度もあります。その他にも多くの敵がいます。

しかしながら、祈りの最大の敵は、わたしたち自身の中にいます。『カトリック教会のカテキズム』は敵を次のように説明しています。「それは、すさみからくる失望、「たくさんの財産」をもっているのですべてを主に差し出すことのできない悲しみ、自分の望みどおりに願いが聞き入れられないという落胆、罪深さを考えてかたくなになる高慢の傷、祈りの無償性に対する反感」（2728）です。これは明らかに概略のリストです。ほかにも挙げられるでしょう。

何もかもが不確かに思える誘惑の中では、どうすればよいでしょうか。霊性の歴史をひも解けば、多くの師が、まぎれもなく、今述べてきたような状況にあったことはすぐに分かります。どの師も、それを乗り越えるために役立つものを示してくれます。困難ばかりの時期に立ち向かっていくための知恵のことば、あるいは助言です。それらは机上で組み立てられた理論というよりは、むしろ経験から生まれるアドバイスです。祈りにおいては、誘惑に抗《あらが》いつつ、根気強く続けることが大切であると示してくれるのです。

そうした助言はどれも考えてみる価値がありますから、いくつか取り上げて検証してみたいと思います。たとえば、聖イグナツィオ・デ・ロヨラの『霊操』は、生活の正し方を教える、優れた知恵の書です。キリスト者の召命とは果敢に挑む闘いであり、悪魔の陣営にではなく、イエス・キリストのみ旗のもとに立ち、困難になろうとも善の行いをする決意のことである、そう教えています。

試練のときには、自分は独りぼっちではなく、だれかがそばで見守ってくれているのを思い起こすことが助けとなります。修道生活の父と呼ばれる聖アントニオ修道院長（二五一頃―三五六年）も、エジプトで、祈りが苦しい闘いとなるような、厳しい時期にぶつかりました。聖アントニオ伝の著者であるアレキサンドリアの司教、聖アタナシオ（二九四―三七三年）は、ちょうど多くの人が危機に陥る中年期である三十五歳のころに、この聖なる隠遁者に降りかかった、最大の試練について記しています。アントニオは、その試練に苦しみながらも抗い抜きました。ようやく平穏を取り戻したとき、彼は非難同然の口調で主に問いました。「あなたはどこにいたのですか。なぜ、わたしの苦しみを終わらせるために最初からおいでにならなかったのですか」。すると、イエスはお答えになりました。「アントニオスよ、わたしはここにいた。だがお前の戦いぶりを見るために待ったのだ」（『聖アントニオ伝』10〔戸田聡訳、『砂漠に引きこもった人々——キリスト教聖人伝選集』教文館、二〇一六年、四九頁〕）。祈りにおいて闘うのです。祈りは、たびたび闘いとなります。かつてほかの教区にいたころ、わたしが実際に経験したことが思い出されます。ある夫婦の九歳の娘が病気で、医者たちにもその原因が分かりませんでした。いよいよ病院で、医者は母親にいいました。「奥さん、ご主人に連絡を」。夫は仕事中でした。彼らは労働者で、毎日働きづめでした。医者は父親にいいました。「お子さんは今夜が山です。何らかの感染症にかかっています。どうすることもできません」。この父親は、毎日曜日に欠かさずミサにあずかっていたのではなかったかもしれませんが、信仰に篤《あつ》い人でした。彼は泣きながら出て行くと、病院に妻と娘を残して電車に乗り、七〇キロ離れたルハン大聖堂に向かいました。アルゼンチンの守護聖母にささげられたバジリカです。すでに夜十時に近く、夜も更けていたので、聖堂は閉まっていました。彼は柵にすがりつき、一晩中聖母に祈りをささげ、娘の回復のために闘いました。これは作り話ではありません。わたしはそれを見ました。この目で見たのです。苦しみもがく人がそこにいました。そしてようやく朝の六時に教会の門が開くと、聖母のもとへと駆け込みました。「もがき闘う」一夜を明かし、父親は家に戻りました。帰宅すると妻がいなかったので、「あの子を失ったんだ。嫌だ、聖母はなんて仕打ちをなさるんだ」という思いがわいてきました。すると妻が現れ、ほほえみながらこういいました。「いったい何が起きたのか分かりません。お医者様たちが容態が変わったとおっしゃいました。あの子はもう大丈夫なのよ」。祈りと必死に格闘したこの人は、聖母の恵みを得たのです。聖母に願いが届いたのです。わたしはそれを目撃しました。祈りは奇跡を起こします。祈りは、父のように愛してくださる神の優しさの、まさに中心に届くからです。恵みがもたらされないときは、何か別のものを与えてくださるはずで、時間が経ってそれに気づくのです。しかし、恵みを願う祈りの中での闘いがつねに求められます。確かに、必要な恵みを、熱意なく闘いもせずに願うこともあります。ですが、そうした姿勢で、真剣なことがらを祈り求めはしません。祈りは闘いです。そして、主はつねに、わたしたちとともにおられます。

目が曇っているときにその存在が分からずとも、いつの日か気づくはずです。父祖ヤコブがいったことばを、わたしたちも繰り返す日が訪れるでしょう。「まことに主がこの場所におられるのに、わたしは知らなかった」（創世記28・16）。人生の終わりに振り返えれば、きっとこういえるでしょう。「独りぼっちだと思っていたけれど、そうじゃなかった。独りじゃなかった。イエスがともにいてくれた」。わたしたち皆がそう口にするはずです。

（二〇二一年五月十二日、サンダマソの中庭にて）

散漫、心の潤いがなくなること、倦怠感

愛する兄弟姉妹の皆さん、おはようございます。

『カトリック教会のカテキズム』に沿って、今回の講話では、幅広く同感が得られる、祈りの難しさを示して、実際の祈りの経験に言及していきます。それらの困難を割り出して、克服しなければなりません。祈るのは楽なことではありません。祈りの中では多くの困難が生じます。それらを知り、見定め、克服しなければなりません。

祈る人が最初に陥る問題は、散漫です（『カトリック教会のカテキズム』2729参照）。祈り始めると、集中力が切れ、意識はあちこちに向かいます。心はそちらに、思いはあちらに……。祈りで始まる散漫です。祈りには大抵、散漫が伴います。事実、人間の精神にとって、一つのことに長くとどまるのは難しいことです。わたしたちは皆、そうした、睡眠の中でさえ離れない、絶え間なく浮かんで来るさまざまな心象や空想の渦の中にいます。そしてまた、その混乱の性質に甘えているのはよくないことだと、だ

れもが分かっています。

精神を集中してそれを維持するための闘いは、祈りに限りません。十分に集中できなければ、勉強しても成果は出ませんし、仕事のパフォーマンスも上がりません。アスリートは、フィジカルトレーニングに加えてメンタルトレーニングもしなければ、勝利を手にできないとよく分かっています。とくに、集中力を高め、切らさないようにするトレーニングが必要です。

散漫は罪ではありませんが、闘うべきものです。わたしたちの信仰の遺産には、福音書にはっきりと示されているにもかかわらず、忘れがちな徳があります。それは「つねに目覚めていること」です。イエスはそれを何度も語ります。「目を覚まして、祈りなさい」。『カトリック教会のカテキズム』は、祈りに関する教えの中で、これにはっきりと言及しています（2730参照）。イエスは、いつの日か自分は、婚宴に来る花婿や旅から戻る主人のように再来するのだから、その思いに導かれて自制した生活を送るよう、しばしば弟子たちに求めます。イエスの再臨の日や時は分かりませんが、わたしたちの人生はどの瞬間も貴重で、散漫によって無駄にすべきではありません。いつかは分かりませんが、ある瞬間に主の声が響きます。主が帰って来たとき、本当に大切なものに依然として注意を向ける懸命さを見てもらえるしもべは幸いです。この者たちは、心に浮かんで来るどんな誘惑にも負けずに、よい行いをし、自分の責務を果たしながら、正しい道を歩もうと努めたのです。次から次へと想像が巡ること、それが散漫です。アビラの聖テレジアは、祈りの中でとめどなく浮かぶそうした想像を、「家の中の狂人」と呼びました。あなたを振り回す狂人のようなのだ、と。集中力で、この狂人を押さえつけて閉じ込めなければなりません。

別のテーマは、心の潤いがなくなるときのことです。『カトリック教会のカテキズム』は次のように説明しています。「放心状態で……、思考や記憶や感情、霊的なものさえ、味気ないものに感じられるのです。それは、イエスとともに死の苦悩と墓の中にじっと踏みとどまる純粋な信仰のひとときです」(2731)。心の潤いがなくなることは、聖金曜日の晩から聖土曜日、その丸一日を思わせます。イエスはもういない、墓にいる、イエスは亡くなられた、わたしたちは取り残された――。こうした思いによって、心の潤いがなくなるのです。潤いがなくなる理由が分からないことはよくあります。自分のせいでもなりますし、外的生活や内的生活を何らかの状態にしておられる神ゆえにもなります。あるいは、頭痛や吐き気のために祈りづらくなっているから、ということもあります。何が原因なのか、大抵はよく分からないのです。霊性の師なるかたがたは、信仰の体験とは、慰めと苦悩の時期が交互に訪れるものだと述べています。すべてが容易に運ぶときと、つらい苦しみがのしかかるときです。友達に会うとよくいいますね、「元気かい？」と。それに対し、「今日は不調」と返ってくることがあります。わたしたちが「不調」なことはよくあります。もっといえばそれは、感情を失ったり、安らげなかったり、何もできなかったり、という状態です。灰色の日々のことで、人生にはそうした日がたくさんあります。しかし、心までも灰色になるのは危険です。そうした「不調」が心にまで到達して、心が病むと危険です。灰色の心で生きている人がいます。灰色の心では、祈れませんし、慰めを感じることもできません。ひどいことです。さらには、灰色の心のために、霊的不毛を覆すこともできないのですから。心は開かれ、輝いていなければなりません。そうであれば主の光がさし込みます。さし込まないならば、希望をもって待ち続けなければなりません。灰色になって心を閉ざしていてはいけないのです。

次に、もう一つ別のもの、倦怠感です。別の不徳であり別の悪で、祈りに向けられた真の誘惑、もっといえばキリスト者の生活に対する誘惑です。倦怠感は、「気の緩み、警戒心の減少、心の無頓着さなどからくる一種の精神的落ち込みの状態です」(『カトリック教会のカテキズム』2733)。これは七つの「罪源」の一つです。思い上がりによって増幅され、魂の死に至ることもあるからです。

高揚感と意気消沈がこのように繰り返される中で、どうしたらよいのでしょう。歩み続けることを学ばなければなりません。霊的生活を真に続けていくには、高揚した状態を増やすのではなく、困難なときを耐え忍ぶ力を養うことです。歩いて、歩いて、歩き続けてください。疲れたら少し立ち止まり、それからまた歩くことです。ひたすら忍耐です。完全な喜びについて、聖フランシスコが語ったたとえ話を思い出しましょう（訳注：「聖フランシスコの小さき花」第八章［フランシスコ会日本管区訳、『アシジの聖フランシスコ伝記資料集』教文館、二〇一五年］参照）。修道士の習熟は、天から降り注ぐ無限の幸運によってではなく、たとえ認められずとも、虐げられようとも、すべてが初めの味わいを失っていても、堅忍をもって歩み続けることで量られます。すべての聖人がこの「暗い谷」を通りました。ですから、彼らの日記を読んで、そこに、無味乾燥に過ごし、無気力に祈った幾晩ものことが記されていても幻滅しないでください。こういえるようにならなければなりません。「わたしの神よ。あなたが何とかしてわたしからあなたへの信仰を失わせようとしているかのように見えたとしても、それでもわたしは、なおもあなたに祈り続けます」。信者は決して、祈りのスイッチをオフにはしません。このことは、時にヨブの祈りを思わせます。ヨブは、神の自分に対するひどい扱いを受け入れず、抗議し、正しい判断を神に願い求めます。まさに、神に対する抗議すら祈りの一つの姿なのです。あるおばあさんがいったとおりです。「神に腹を立てることもお祈りなんだよ」。息子は、父親に対して何度も憤るものです。それも父親とのかかわり方です。「父親」だと認めているからこそ腹も立つのです。

そしてわたしたちも、ヨブよりはるかに聖性に劣り、忍耐力もありませんが、最後には神がこたえてくださることを知っています。この悲嘆の時代の終わりには、わたしたちが天に上げる苦悶の叫びに、「なぜですか」という無数の問いに、神はこたえてくださると。「なぜですか」の祈りを忘れないでください。それは子どもたちが、分からないと言い始めるころ、心理学者が「質問期（なぜなぜ期）」と呼ぶ時期にする祈りです。子どもは父親に質問します。「パパ、なんで？　パパ、どうして？　パパ、どうしてなの？」。ですが気をつけましょう。子どもは父親の答えを聞いてはいません。父親が答え始めた途端、子どもは新たな「どうして」に移っています。その子は、父親の注意を引きたいだけなのです。ですからわたしたちが、神にいささか腹を立て、「なぜですか」と問い始めたときは、御父の心を、自分の不幸や問題や人生に引き寄せようとしているのです。そうです。神に対し「でも、なぜですか」と口にする勇気をもってください。少し腹を立ててもよいこともあります。わたしたちと神との間にある親子の関係を思い出させるからです。どれだけわたしたちが、辛辣《しんらつ》できつい表現をぶつけても、神はそれを、父の愛で受け止めてくださり、信仰ゆえの行為として、祈りとして、大切にしてくださいます。

（二〇二一年五月十九日、サンダマソの中庭にて）

聞いてくださるという確信

愛する兄弟姉妹の皆さん、おはようございます。

祈りに対するそもそもの否定的な考えは、いくら祈り、願い求めても、時として聞いてもらっていないのではという、だれもが抱く思いから生じます。自分のために、あるいは人のために祈り求めても、かなえられなかったというものです。そんな経験は山ほどあります。祈りの意向が崇高であれば（病気の人が回復しますように、戦争が終結しますようにといった、執り成しの祈りなど）、聞き入れられないことなどありえないと思います。その一例が戦争です。世界各地で起きている紛争が終わるよう、わたしたちは祈っています。イエメンを、シリアを、何年も何年も紛争が続いている国々を思い、祈っています。戦闘により荒廃した国のために祈りますが、争いは収まりません。どうしてそんなことがありえるのでしょうか。「ある人々は願いが聞き入れられないと思い、祈ることさえやめてしまいます」（『カトリック教会のカテキズム』2734）。

神は御父であられるのに、どうして願いを聞き入れてくださらないのだろう、求める子どもにはよいものをくださると約束なさったのに（マタイ7・11参照）、どうしてわたしたちの願いにこたえてくださらないのだろう――。だれもがそんな経験をしています。友人の、お父さんの、お母さんの病気の回復を、祈っても祈っても、それでも亡くなってしまった、神は聞き入れてくださらなかった――。だれもが経験することです。

『カトリック教会のカテキズム』は、この問いについてみごとに要約しています。まことの信仰体験を生きずに、神との関係を何か魔法のようなものに変えてしまう危険について警告しています。祈りは魔法の杖《つえ》ではなく、主との対話です。実際、祈りをささげる際にわたしたちは、神に仕える者とはならずに、自分のために仕えてくださるよう神に期待する危険に陥る可能性があります（2735参照）。そうなると、ひたすら要求する祈り、自分が思い描いたとおりに物事が運ぶよう求める祈り、自分の望んだ計画以外は認めない祈りとなります。一方イエスは、深い英知をもって、わたしたちに「主の祈り」を教えてくださいました。ご存じのように、それは願い事のみで構成された祈りですが、前半はすべて、神に帰する願いです。わたしたちの計画ではなく、この世に対する神のみ旨が実現するよう願っています。むしろ御父にゆだねているのです。「み名が崇《あが》められますように。み国がきますように。み心が行われますように」（マタイ6・9―10）。

使徒パウロも、わたしたちはどう祈るべきかを知らないと伝えています（ローマ8・26参照）。わたしたちは、自分に必要な物事や欲しいものを「でもこっちがいいかな、それともこっちかな」と願います。パウロはいいます。わたしたちはどう祈り求めるべきかすら分かっていないのだと。祈るときには、へりくだらなければなりません。謙遜は、祈るためにまず必要な姿勢です。ちょうど、教会で祈る際に、女性がベールを被ったり、聖水をつけて十字のしるしをしてから祈ったりする慣習が各地にさまざまあるのと同様、祈る前に、わたしにもっとも必要なものは何なのか、神はわたしにとってもっとも必要なものを与えてくださる、神はすべてをご存じなのだから、といわなければなりません。祈るときには、へりくだる必要があります。そうすれば、わたしたちのことばは本当の祈りとなり、神が拒まれる無意味なものではなくなります。間違った意向で祈ることもあります。たとえば戦争で、神がその戦いに何を思っておられるかを考えもせずに、敵を打ち負かしてくださいと祈る場合です。「神が味方」と旗に書くのは簡単です。多くの人が、神が自分たちの側におられるという確約を切望しますが、自分たちは本当に神の側にいるのかの究明を気に懸ける人はほとんどいません。祈りにおいては、神がわたしたちを変えてくださるのであり、わたしたちが神を変えるのではありません。その意識がへりくだりです。祈っているのはこのわたしですが、主よ、何がわたしには必要なのか、心が健やかであるために必要なものは何なのか、それを願い求められるよう、わたしの心を変えてください、そう祈るのです。

それでも、おかしいとの思いは残ります。心から祈っても、み国にかなう善を願っても、母親が病気のわが子のために祈っても、どうしてそれを、神が聞いておられないかに感じられるときがあるのでしょう。この疑問に答えるには、福音書をじっくり黙想しなければなりません。イエスの生涯の記述には、祈りがあふれています。身体や心に傷を負った大勢の人が治してほしいとイエスに頼みます。歩けなくなった友のために祈る人が登場し、病気のわが子をイエスのもとに連れていく親がいます。すべて、苦しみに満ちた祈りです。それは、「わたしたちをあわれんでください」と嘆願する、壮大な斉唱です。

イエスがすぐにこたえてくださるときもありますが、いつまでも先延ばしにされ、神はこたえてくださらないかに思える場合もあります。娘のことをイエスに懇願した、カナンの女のことを考えてみましょう。彼女は、聞いてもらうために、しつこくしなければなりませんでした（マタイ15・21―28参照）。彼女には、小犬にパンをやってはいけないという、侮辱的とも思えるイエスのことばを聞く謙虚さがありました。ですがこの人は、侮辱などものともしません。肝心なのは娘の回復です。そしてこういいます。「ごもっともです。しかし、小犬も主人の食卓から落ちるパン屑《くず》はいただくのです」。このことばを、イエスは気に入りました。祈りにおける大胆さです。また、四人の友人に連れられてきた中風の人について考えてみましょう。イエスはまず彼の罪をゆるしてから、その身体を治します（マルコ2・1―12参照）。そのように、悲劇の解決がすぐに得られない場合もあります。わたしたちの人生を見ても、だれにも似たような経験があります。恵みを求め、奇跡を願い、そうなるよう訴えたにもかかわらず、何も起こらなかったことがどれだけあったか、そんな覚えがいくつもあります。その後しばらくすれば、事態は落ち着きを取り戻します。ただしそれは、あの時点で自分が望んだようにではなく、神のなさり方で、神の流儀で行われたものです。神のタイミングは、わたしたちのタイミングとは別なのです。

この観点から、ヤイロの娘のいやしの話は注目に値します（マルコ5・21―33参照）。息せき切って走って来る父親が登場します。娘が病気なので、イエスに助けを求めるのです。師はすぐに願いを受け入れますが、彼の家に行く途中で別のいやしが行われ、娘が死んだという知らせがそこに届きます。万事休すかに思えますが、イエスは父親に「恐れることはない。ただ信じなさい」（マルコ５・36）といいます。「信じ続けなさい」。祈りを支えるのは信仰だからです。まさしくイエスは、死の眠りからその娘を目覚めさせます。しかしヤイロはしばらくの間、信仰のともしびだけを手に、暗闇の中を歩き続けなければなりませんでした。主よ、わたしに信仰をお与えください。わたしの信仰を深めてください。信じることの恵みを願い求めることです。福音書でイエスは、信仰は山をも動かすといっておられます。さあ、本気で信じてください。イエスは、ご自分の貧しい人々、ご自分の民に、説き伏せられ、彼らの信仰を前に胸を熱くされます。そして、耳を傾けてくださいます。

ゲッセマネでイエスがささげた祈りも、御父の耳に届かないかのようです。「父よ、できることなら、わたしを待ち受けているものを過ぎ去らせてください」。御父はイエスのことばを聞いておられないかのようです。御子は、受難の杯《さかずき》を飲み干さなければなりません。ですが聖土曜日が最終章ではないのです。三日目、つまり主日に、復活があるからです。悪魔は最後から二番目の日の支配者、これをよく覚えておきましょう。悪魔は、終わりの日の支配者ではありません。違います。彼が支配するのは、最後から二番目、夜明けの直前、闇がもっとも深くなる夜の時です。その日、最後から二番目の日には、誘惑があります。悪魔が、自分が勝利したとわたしたちに思わせようとする誘惑です。「見たかい、わたしが勝ったのだよ」。悪魔は最後から二番目の日の支配者です。最後の日には復活があります。まさしく、悪魔は決して最後の日の主人ではないのです。神こそが、最後の日の主人です。最後の日は神だけのものであり、救いを求めるすべての人の願いがかなえられる日だからです。主の恵みを待つ、最後の日を待つ、へりくだった忍耐を身に着けましょう。多くの場合、終わりから二番目の日はとてもつらいものです。人間の苦しみが強いからです。しかし、主はそこにおられます。そして最後の日に、すべてを決着してくださいます。

（二〇二一年五月二十六日、サンダマソの中庭にて）

イエス――祈りの模範、祈りの心

愛する兄弟姉妹の皆さん、おはようございます。

福音書は、イエスと弟子たちの関係にとって、祈りがいかに根本的なものであるかを伝えています。そのことは、後に使徒となる者たちの選びに、すでに表れています。ルカは、使徒の選びの場面を祈りと同一の文脈に置いて、こういっています。「そのころ、イエスは祈るために山に行き、神に祈って夜を明かされた。朝になると弟子たちを呼び集め、その中から十二人を選んで使徒と名づけられた」（6・12―13）。イエスは一晩中祈った後に、彼らをお選びになります。御父とイエスとの対話である祈り以外に、選びの基準はないかのようにです。彼らが以後どのような行動をするかで判断すれば、この人選がベストだったとはいえないでしょう。受難の前にイエスを一人残し、全員が逃げてしまうのですから。しかし、彼らの名前が、とくに未来の裏切り者であるユダの名前が挙がったのは、彼らの名が神の計画に刻まれていたからにほかなりません。

イエスは生涯には、友のための祈りが途絶えたことがありません。使徒たちはときどき悩みの種となりますが、イエスは彼らを、祈りをささげた後に御父から授かったものとして、心に留め続けるのです。過ちがあろうとも、罪を犯したとしてもです。このことから、イエスがいかに弟子たちの師であり友であったか、しかも彼らの回心をつねに辛抱強く待っておられたかが分かります。この忍耐強さは、イエスがペトロを包み込んだ愛の「網」に、その極みを見ることができます。最後の晩餐《ばんさん》でイエスはペトロにいわれます。「シモン、シモン、サタンはあなたがたを、小麦のようにふるいにかけることを神に願って聞き入れられた。しかし、わたしはあなたのために、信仰がなくならないように祈った。だから、あなたは立ち直ったら、兄弟たちを力づけてやりなさい」（ルカ22・31―32）。挫折のときにあってもイエスの愛は変わらないことを知り、わたしたちは胸を打たれます。「しかし神父様、わたしは大罪を犯しましたが、それでもイエスは愛してくださいますか」――「もちろん」、「イエスはわたしのために祈り続けてくださいますか」――「もちろん」、「もし最悪なことに手を染め、多くの罪を犯しても、イエスはなおもわたしを愛し続けてくださいますか」――「もちろん」。わたしたち一人ひとりに対するイエスの愛と祈りが止まることはありません。終わらないどころか、ますます強くなります。わたしたちはイエスの祈りの中心にいます。忘れずにいましょう。イエスはわたしのために祈っておられます。今も御父の前で祈っておられ、ご自分の傷を御父に見せ、わたしたちの救いの代償を示しておられます。それこそが、わたしたちのためにイエスが抱いておられる愛です。ここで、各自で考えてみましょう。イエスはわたしのために今、祈っておられるのか。――祈っておられます。これは、わたしたちがもっていなければならない大事な確信です。

イエスの祈りは、その生涯の決定的な場面、弟子たちの信仰の真偽が試される場面には、決まって繰り返されます。福音記者ルカにもう一度耳を傾けましょう。「イエスがひとりで祈っておられたとき、弟子たちはともにいた。そこでイエスは、『群衆は、わたしのことを何者だといっているか』とお尋ねになった。弟子たちは答えた。『洗礼者ヨハネだ』といっています。ほかに『エリヤだ』という人も、『だれか昔の預言者が生き返ったのだ』という人もいます。』イエスがいわれた。『それでは、あなたがたはわたしを何者だというのか。』ペトロが答えた。『神からのメシアです。』」イエスは弟子たちを戒め、このことをだれにも話さないよう命じ（られた）」（9・18－21）。イエスの公生活の大きな節目には、それに先だって必ず祈りがあります。ついでのような祈りではなく、熱心な、じっくり長い祈りです。そうした場面には、必ず祈りがあります。信仰を確かめることがゴールのように思えますが、弟子たちにとってはそれが新たな出発点なのです。そのときから、イエスはご自分の使命がこれまでとは違う段階に入ったものとして、ご自分の受難と死と復活を公然と話すようになるからです。

弟子たちだけでなく、福音書を読んでいるわたしたちもおのずと尻込みするこの予告において、祈りが光と力の唯一の源です。険しい上りにあっては、つねに、より熱心に祈らなければなりません。

そしてまさに、エルサレムでご自分を待ち受けている出来事を弟子たちに告げた後、主の変容が起こります。「イエスはペトロ、ヨハネ、およびヤコブを連れて、祈るために山に登られた。祈っておられるうちに、イエスの顔の様子が変わり、服は真っ白に輝いた。見ると、二人の人がイエスと語り合っていた。モーセとエリヤである。二人は栄光に包まれて現れ、イエスがエルサレムで遂げようとしておられる最期について話していた」（9・28―31）。すなわち受難です。このように、イエスの栄光が前もって示される出来事は、祈りの中で起こりました。そのとき、御子は御父との交わりに浸され、御父の愛が望まれることを、救いの計画を、完全に承諾しておられました。

そしてその祈りから、三人の弟子たちにも届くはっきりとした声が聞こえます。「これはわたしの子、選ばれた者、これに聞け」（9・35）。祈りから、イエスに聞きなさいとの招きがもたらされます。必ず祈りからです。

福音書を足早にたどりましたが、わたしたちは次のことを学びました。イエスはご自分のように祈ることをわたしたちに求めておられるだけでなく、わたしたちの祈りがむなしく無意味に思えるときにも、いつだってイエスの祈りにより頼むことができるのだと約束しておられるのです。イエスはわたしのために祈っておられる――、それを自覚していなければなりません。かつて尊敬する司教から聞いた話ですが、彼は人生でひどく苦しんだとき、過酷な試練のとき、闇に覆われたときに、大聖堂で上を見て、そこに書かれていることばを読むそうです。「ペトロ、わたしはあなたのために、祈る（EGO ROGAVI PRO TE, O PETRE）」（訳注：サンピエトロ大聖堂の身廊上部には、このルカ22・32のことばが刻まれている）。このことばに力をもらい、慰められたそうです。それと同じことが、イエスは自分のために祈っておられると気づくたびに、わたしたち一人ひとりにも必ず起きます。それを反芻《はんすう》して、胸に刻んでください。つらいときにも、注意散漫なときにも、イエスはわたしのために祈っておられます。でも神父様、それは本当なのですか。本当です。イエスご自身がそういわれました。わたしたち一人ひとりの人生を支えているのは、わたしたち一人ひとりのためにささげられるイエスの祈りであることを忘れないでください。イエスはわたしたち一人ひとりのために、わたしたちのフルネームを添えて、御父の前で、わたしたちの救いの代償であるご自分の傷を示しながら、祈っておられます。

たとえ、たどたどしい祈りにしかならなくとも、揺らぐ信仰で妥協的な祈りになってしまっても、イエスに信頼することをやめてはなりません。自分はどう祈ればよいのか分からなくても、イエスはわたしのために祈ってくださいます。イエスの祈りに支えられ、わたしたちのぎこちない祈りは、鷲《わし》の翼に乗って天に届きます。どうか忘れないでください。イエスはわたしのために祈っておられます。今もでしょうか。今この瞬間もです。試練のとき、罪にまみれたとき、そうしたときにも、イエスはあふれるほどの愛をもって、わたしのために祈っておられます。

（二〇二一年六月二日、サンダマソの中庭にて）

愛のうちにたゆまず祈る

愛する兄弟姉妹の皆さん、おはようございます。

祈りに関するこの連続講話も次回で終わります。今回は、粘り強く祈ることについて話します。それは、聖書からわたしたちにもたらされる呼びかけ、むしろ命令です。あるロシア人巡礼者の霊的な旅は、聖パウロのテサロニケの信徒への第一の手紙の一節との邂逅から始まります。「たえず祈りなさい。どんなことにも感謝しなさい」（5・17―18）。この使徒のことばに心を打たれて彼は、どうすればたえず祈れるだろうかと思い悩みます。わたしたちの生活はいろんな場面に細切れにされていて、いつでも精神を集中できるわけではありません。この問いから、彼の探求の旅が始まります。やがて、「心の祈り」と呼ばれることになるものとめぐり合います。「主イエス・キリスト、神の子よ、罪深いわたしをあわれんでください」と、信仰をもって繰り返し唱えるものです。「主イエス・キリスト、神の子よ、罪深いわたしをあわれんでください」。単純ながらも、とても美しい祈りです。呼吸のリズムに徐々に重なり、一日中続けられる祈りです。実際、眠っている間も呼吸は止まりません。そして祈りは、いのちの呼吸なのです。

では、どうしたら祈る状態をつねに保てるのでしょう。『カトリック教会のカテキズム』は、霊性史の中からすばらしいことばの数々を紹介しています。それらは、キリスト者の存在の支点となるよう、たえず祈ることの必要性を強調しています。そのいくつかを取り上げてみましょう。

修道士エヴァグリウス・ポンティクス（三四五頃—三九九年）ははっきりと述べています。「わたしたちは、いつも働き、徹夜し、断食するようにと命じられているわけではありません」——もちろん、命じられていません——。「しかし、たえず祈るようにというおきてがわたしたちに与えられています」（2742）。祈り続ける心です。このように、キリスト者の生活には、決して消してはならない情熱の炎があります。それは古代の神殿で、たやすことなく燃やされ守り継がれた聖火に少し似ています。祭司たちには、その火をたやさずに守る務めがありました。そうです、わたしたちの中にも（訳注：話しながら胸を指さして）、聖なる火が燃え続けているに違いありません。何ものにも消すことのできない火です。簡単ではありませんが、そうでなければならないのです。

実生活に目を向けたもう一人の司牧者、聖ヨハネ・クリゾストモ（三四七頃―四〇七年）は次のように説いています。「広場にいても、独りで散歩していても、また仕事場に座って皮をなめしていたとしても、神に心を向けなければなりません。商売のために忙しく立ち働いていても、料理をしていても、心の底から熱心な祈りをささげなければなりません」（2743）。それは、「主よ、わたしたちをあわれんでください」とか、「主よ、助けてください」といった、短い祈りです。このように祈りは、わたしたちの生活が奏でる旋律を記す楽譜のようなものです。それは日々の仕事の妨げになるものでも、多くの些末な用事や会合とぶつかるものでもありません。それどころか、あらゆる行いが、その意味、その理由、その平穏を取り戻す機会なのです。

もちろん、この教えの実践は容易ではありません。お父さん、お母さんには、やるべきことが山ほどあって、祈るために決まった十分な時間を作ることが容易だった昔を懐かしく思い浮かべることでしょう。ところが今や、子どもたちのことがあり、仕事があり、家事があり、老いていく親のことがあります。すべてを片付けるのは不可能かに思われます。そうしたときには、御父であり、全宇宙の世話をしてくださるかたである神が、わたしたち一人ひとりのことをいつも思っていてくださることに思いを馳せるといいのです。ですからわたしたちも、つねに御父のことを忘れずにいなければなりません。

そしてまた、修道院ではずっと、労働が非常に大切にされてきたことを忘れてはなりません。自分が食べていくため、また他者を養っていくためという倫理的な義務からだけでなく、一種の安定、心のバランスを保つためにも必要なのです。現実とのかかわりを失ってしまうほど抽象的なことに没頭するのは危険です。労働は、現実とかかわりをもつのに有益です。修道者の合掌する手は、シャベルや鍬《くわ》のためにまめだらけです。ルカによる福音書（10・38―42参照）で、本当に必要なことはただ一つ、神に耳を傾けることだと聖マルタに伝える際にイエスは、彼女が懸命に行っているさまざまな仕事を軽視していたのではありません。

人間は、すべて「対《つい》」になっています。身体は左右対称で、二本の腕、二つの目、二つの手があります。労働と祈りも互いに補い合っています。祈りはあらゆることの「呼吸」で、はっきり表れていなくても、労働に欠かせない土台であり続けます。労働に没頭するあまり祈る時間がないというのは、人間らしい姿ではありません。

その一方、生活から切り離された祈りも、健全なものではありません。実際の暮らしからわたしたちを遠ざける祈りは、唯心論に、もっとひどいと、儀式主義になってしまいます。イエスは、タボル山で弟子たちに栄光を表した後、その法悦の時を引き延ばすことは望まず、弟子たちと一緒に山を下り、日常の歩みをお続けになったことを思い起こしましょう。そうした体験が、信仰の光と力になって弟子たちの心の中にとどまり続けたからこそ、それは、その先に訪れる受難の日々のための光と力になったのです。このように、神とともにいることにささげられる時間は、信仰を生き生きとさせ、それにより、わたしたちの実際の暮らしを助け、今度は信仰が祈りをかき立て、それがいつまでも繰り返されるのです。信仰、実生活、祈りのこうした循環によって、神がわたしたちにともし続けてほしいと望まれるキリスト者の愛という炎が燃え続けるのです。

では、あの短い祈りをご一緒に唱えましょう。日に何度も繰り返したらすばらしいと思います。さあ一緒に、「主イエス・キリスト、神の子よ、罪深いわたしをあわれんでください」。

（二〇二一年六月九日、サンダマソの中庭にて）

イエスの過越の祈り――わたしたちのため

愛する兄弟姉妹の皆さん、おはようございます。

この連続講話では、祈りがいかに、イエスの生涯の明確な特徴であるかを繰り返し見てきました。イエスは祈られました。たくさん祈られました。イエスは公生活を通して、ひたすら祈っておられます。御父との対話が、イエスの全存在の灼熱の核なのです。

福音書は、受難と死に際して、イエスの祈りがいっそう深く濃密になっていく様子を証言しています。イエスの人生の頂点となるそれらの場面は、キリストの宣教活動のいちばんの核を形成しています。イエスがエルサレムで送った最終の時は、福音の中心です。それは、福音記者が他の箇所よりも詳細にこの場面を記しているからというだけではありません。イエスの死と復活という出来事が、閃光のように、イエスの全生涯を照らしているからです。イエスは、人々の苦しみや病を世話する一慈善家だったのではありません。それ以上のかたで、今もそうあり続けています。イエスにおいては、善意があるだけではありません。それ以上のもの、救いがあります。しかもそれは、病気や絶望から救い出されたような、一つのエピソードとしての救いのことではありません。そうではなく、完全なる救い、メシアとしての救い、死に対するいのちの完全な勝利を信じさせる救いです。

このようにイエスは、その最終の過越の日々に、完全に祈りに浸っておられました。先ほど朗読されたように、イエスはゲツセマネの園で、死ぬばかりの苦しみにさいなまれながら必死に祈っておられます。しかし、まさにそのときに、イエスは神を「アッバ、お父さん」と呼ぶのです（マルコ14・36参照）。イエスの母語であるアラム語のこの単語は、親しさ、信頼関係を表しています。自分を包む闇が深まるそのときに、イエスはその闇を「アッバ、父さん」という一語で突き破るのです。

イエスは、神の沈黙に包まれたかに思える十字架上でも祈っておられます。そしてその口には、今一度「父よ」が上るのです。それは、もっとも切実な祈りです。十字架上でイエスは、完全な仲介者だからです。イエスは人々のために祈り、すべての人のために、ご自分を罪に定めた人々のためにも祈っておられます。イエスの隣にいた貧しい犯罪人を除いて、だれもがイエスを非難するか、もしくは無関心でした。その犯罪人だけがイエスの力を認めていました。「父よ、彼らをおゆるしください。自分が何をしているのか知らないのです」（ルカ23・34）。この悲劇のただ中で、身も心も激しい苦痛にある中で、イエスは詩編のことばで祈ります。この世の貧しい人、なかでも、皆から忘れ去られた人と結ばれ、詩編22の痛ましいことばを口になさいます。「わたしの神よ、わたしの神よ、なぜわたしをお見捨てになるのか」（2節）。イエスはご自分が見捨てられたように感じ、祈られました。十字架で、愛を与えてくださる御父の恵みは完成し、わたしたちの救いはなし遂げられます。ここでもイエスは神に、「わたしの神」と呼びかけておられます。「父よ、わたしの霊をみ手にゆだねます」。すなわちすべてが、十字架上の三時間は、一貫して祈りなのです。

このように、イエスは受難と死という決定的な時刻に祈っておられます。そして復活をもって、御父はその祈りを聞き入れられます。イエスの祈りは深い祈りです。イエスの祈りは唯一のものであり、わたしたちの祈りの模範ともなります。イエスはすべての人のために祈られました。わたしのために、皆さん一人ひとりのためにも祈ってくださいました。だれもがこういってよいのです。「イエスは十字架上で、わたしのために祈ってくださった」。イエスは祈られました。イエスはわたしたちめいめいに、いっておられるはずです。「わたしはあなたのために祈った。最後の晩餐のときにも、十字架上でも」と。どんなに苦しくつらいときにも、わたしたちは決して独りではありません。イエスの祈りがわたしたちとともにあります。「では神父様、この講話を聞いている今も、イエスはわたしたちのために祈っておられるのですか」。もちろんです。わたしたちが前に進めるように、祈り続けておられます。どうか祈ってください。そして、イエスがわたしたちのために祈っておられることを忘れないでください。

胸に刻んでおくべき、もっとも大切なことだと思います。祈りに関する連続講話を締めくくるにあたり、お伝えしたいと思います。それは、わたしたちは祈る者であるだけでなく、いわば「祈られている者」であること、イエスと御父との対話に、聖霊との交わりに、すでに迎え入れられているという恵みを覚えていてほしいのです。イエスはわたしのために祈っておられる——。わたしたち一人ひとりが、これを心に刻むべきです。忘れてはなりません。どんなにつらいときにもです。わたしたちはすでに、イエスと御父との対話に、聖霊との交わりに、迎え入れられています。わたしたちは、キリスト・イエスにおいて望まれた者であり、受難と死と復活においても、すべてはわたしたちのためにささげられたのです。ですから、祈りといのちがあれば、ほかに必要なのは勇気と希望だけです。勇気と希望があれば、わたしたちはイエスの祈りをしっかりと感じ、前に進めます。そうすれば、イエスがわたしのために御父に祈っておられること、イエスがわたしのために祈っておられることをしっかりと自覚して、わたしたちの人生は神に栄光を帰するものとなるのです。

（二〇二一年六月十六日、サンダマソの中庭にて）

ペトロ文庫

キリスト者の祈り――教皇講話集　定価はカバーに表示してあります

2022 年 11 月 7 日　第 1 刷発行　日本カトリック司教協議会認可

著　者　教皇フランシスコ

編訳者　カトリック中央協議会事務局

発　行　カトリック中央協議会

〒135-8585 東京都江東区潮見 2-10-10 日本カトリック会館内

☎03-5632-4411（代表）、03-5632-4429（出版部）

https://www.cbcj.catholic.jp/

印刷　株式会社精興社　ISBN978-4-87750-239-3 C0116

乱丁本・落丁本は、弊協議会出版部あてにお送りください
弊協議会送料負担にてお取り替えいたします

ペトロ文庫発刊にあたって

カトリック中央協議会事務局長　酒井俊雄

カトリック中央協議会の主要な任務の一つは、カトリック教会の教義をひろめ、信者を教化育成し、布教の推進を円滑にするための業務および事業を行うことにあります。とくに、教皇および教皇庁、また日本カトリック司教協議会の公文書を日本のカトリック教会と社会に向けて提供し続けることは、当協議会の重要課題であると自覚しています。

この使命を遂行するため、ここにペトロ文庫を発刊することとなりました。ペトロは、十二使徒のかしらであり、ローマの初代司教であり、カトリック教会の初代教皇です。使徒たちの後継者である司教は、ペトロの後継者である教皇との交わりのうちに、人々に奉仕します。とりわけ、信仰と道徳に関して教えるとき、つまり教導職を果たすとき、この交わりは不可欠です。そこで、カトリック中央協議会が新たに発刊する文庫に、初代教皇の名をいただくことといたしました。皆さまが教会公文書により親しむための一助となれば、望外の幸せです。

二〇〇五年十月

✤✤✤　ペトロ文庫既刊　✤✤✤

教皇フランシスコ

使徒言行録・世をいやす——教皇講話集

宣教活動の真の主役は聖霊だと説く「使徒言行録」、キリスト者にとっての〝身分証〟を示す「真福八端」、そして、パンデミックで傷ついた社会をいやすために何をなすべきかの導きである「世をいやす」の三題。

224頁
定価（本体800円＋税）
ISBN978-4-87750-236-2

定価は2022年10月現在。予告なく変更になる場合があります。

❖❖❖　ペトロ文庫既刊　❖❖❖

教皇フランシスコ

十戒・主の祈り——教皇講話集

十戒は神との対話、隷属からの解放である自由への道だと説き、キリスト者の祈りは「アッバ」の一言を心に抱くだけで深められるのだと教える。愛である神と人間の関係についての、優しさに満ちたカテケージス。

224頁
定価（本体800円＋税）
ISBN978-4-87750-226-3

定価は2022年10月現在。予告なく変更になる場合があります。

ペトロ文庫既刊

教皇フランシスコ

ミサ・洗礼・堅信——教皇講話集

キリスト者にとって生の根源であり、わたしたちのいのちに完全な意味を与えるものである秘跡と典礼についての、コンパクトで親しみやすく、心温まる解説。聖霊の導きを信じて歩むようにと、力強く励ます。

160 頁
定価（本体 700 円＋税）
ISBN978-4-87750-218-8

定価は 2022 年 10 月現在。予告なく変更になる場合があります。

✤✤✤　ペトロ文庫既刊　✤✤✤

教皇フランシスコ

キリスト者の希望――教皇講話集

人生の旅路において、神がともにいてくださることへの確信によってキリスト者が得る希望について、旧約、新約両聖書を通して考察し、孤独や苦しみに満ちた荒れ野を神への信頼をもって力強く歩むすべを語る。

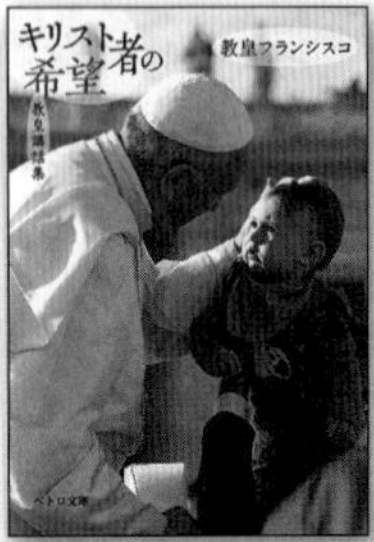

224頁
定価（本体800円＋税）
ISBN978-4-87750-212-6

定価は2022年10月現在。予告なく変更になる場合があります。

❖❖❖　ペトロ文庫既刊　❖❖❖

教皇フランシスコ

いつくしみ――教皇講話集

旧約聖書における御父のわざを考察し、福音書を通していつくしみに満ちたイエスの姿について考える。そして「ゆるすこと」と「与えること」という、いつくしみの二本の柱を示し、慈善のわざの実践へと促す。

224頁
定価（本体800円＋税）
ISBN978-4-87750-208-9

定価は2022年10月現在。予告なく変更になる場合があります。

✤✤✤　ペトロ文庫既刊　✤✤✤

教皇フランシスコ

家　族——教皇講話集

父、母、子など、家族それぞれの役割と相互の関係について、そして現代の家庭が直面している種々の困難について語り、家庭における親しく温かな交わりを社会にまで広げていくよう、優しく穏やかに訴えかける。

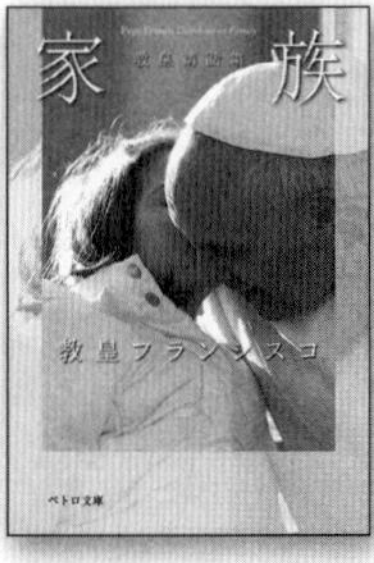

256頁
定価（本体900円＋税）
ISBN978-4-87750-198-3

定価は2022年10月現在。予告なく変更になる場合があります。

❖❖❖　ペトロ文庫既刊　❖❖❖

教皇フランシスコ

教皇フランシスコ講話集8

二〇二〇年内の講話集。新型コロナウイルスのパンデミック下に、動画配信、または少数の会衆を前に話された希望のことば。付録に使徒的書簡『聖書への思い――聖ヒエロニモ没後一六〇〇年記念』を収める。

384 頁
定価（本体 1200 円＋税）
ISBN978-4-87750-234-8

定価は 2022 年 10 月現在。予告なく変更になる場合があります。

❖❖❖　ペトロ文庫既刊　❖❖❖

教皇フランシスコ

教皇フランシスコ講話集7

二〇一九年内の講話集。WYDパナマ大会閉会ミサ説教、ローマ教皇初となったUAEへの歴史的訪問振り返り等に加え、付録にクリスマスに飾るプレゼピオの意義を説く使徒的書簡『感嘆すべきしるし』を収める。

352頁
定価（本体1200円＋税）
ISBN978-4-87750-227-0

定価は2022年10月現在。予告なく変更になる場合があります。

❖❖❖　ペトロ文庫既刊　❖❖❖

教皇フランシスコ

教皇フランシスコ講話集6

二〇一八年内の講話集。聖職者による未成年者への性虐待問題に向き合う決意を示す書簡、世界教会協議会創設七〇周年記念行事での講話などのほか、神に愛され他者を愛する生の喜びを説く、温かなことばの数々。

352 頁
定価（本体 1200 円＋税）
ISBN978-4-87750-222-5

定価は 2022 年 10 月現在。予告なく変更になる場合があります。

✤✤✤　ペトロ文庫既刊　✤✤✤

教皇フランシスコ

教皇フランシスコ講話集5

二〇一七年内の講話集。日本の司教への親書、『カトリック教会のカテキズム』公布二十五周年記念講話、核兵器廃絶のための国際シンポジウムでのあいさつ、ミャンマー、バングラデシュ司牧訪問の振り返りなど。

320頁
定価（本体1100円＋税）
ISBN978-4-87750-215-7

定価は2022年10月現在。予告なく変更になる場合があります。

❖❖❖ ペトロ文庫既刊 ❖❖❖

教皇フランシスコ

教皇フランシスコ講話集4

二〇一六年内の講話集。WYDクラクフ大会閉会ミサ、マザー・テレサ列聖式ミサ、宗教改革五〇〇周年記念合同祈禱会、いつくしみの特別聖年閉年ミサの説教や、難民犠牲者を追悼したレスボス島でのあいさつなど。

288頁
定価（本体900円＋税）
ISBN978-4-87750-209-6

定価は2022年10月現在。予告なく変更になる場合があります。

❖❖❖ ペトロ文庫既刊 ❖❖❖

教皇フランシスコ

教皇フランシスコ講話集3

二〇一五年内の講話集。教皇庁定期訪問中の日本司教団への講話、回勅『ラウダート・シ』の教えをさらに具体的に語った、草の根市民運動国際大会や国連総会での演説、いつくしみの特別聖年開年ミサ説教など。

320頁
定価（本体1100円＋税）
ISBN978-4-87750-201-0

定価は2022年10月現在。予告なく変更になる場合があります。